■ 黄守宏 / 主编
HUANG SHOUHONG

2019 中国经济社会发展
形势与对策

继续创新和完善宏观调控
保持经济运行在合理区间

中国言实出版社

图书在版编目（CIP）数据

2019中国经济社会发展形势与对策．继续创新和完善宏观调控　保持经济运行在合理区间 / 黄守宏主编．-- 北京：中国言实出版社，2019.11

ISBN 978-7-5171-3263-9

Ⅰ．①2… Ⅱ．①黄… Ⅲ．①中国经济—经济发展—调查研究—2019 ②社会发展—调查研究—中国—2019Ⅳ．①F124②D668

中国版本图书馆CIP数据核字（2019）第246005号

出 版 人　王昕朋
总 监 制　朱艳华
责任编辑　胡　明
责任校对　史会美
责任印制　佟贵兆
封面设计　刘　云

出版发行　中国言实出版社
地　址：北京市朝阳区北苑路180号加利大厦5号楼105室
邮　编：100101
编辑部：北京市海淀区北太平庄路甲1号
邮　编：100088
电　话：64924853（总编室）　64924716（发行部）
网　址：www.zgyscbs.cn
E-mail：zgyscbs@263.net

经　　销　新华书店
印　　刷　北京中科印刷有限公司
版　　次　2020年1月第1版　2020年1月第1次印刷
规　　格　710毫米×1000毫米　1/16　10.75印张
字　　数　125千字
定　　价　43.00元　ISBN 978-7-5171-3263-9

本书编委会

主　任：黄守宏

副主任：石　刚　杨书兵　郭　玮　陈祖新

孙国君　肖炎舜

编　委：（以下按姓氏笔画排序）

王昕朋　朱艳华　乔尚奎　刘应杰

宋　立　张军立　张顺喜　陈爱清

苑衍刚　侯万军　姜秀谦

CONTENTS | 目录

二、积极扩大消费和促进有效投资

三、专家建议和国际经验借鉴

学习习近平总书记
关于调查研究重要论述的几点体会

（代序）

黄 守 宏

重视调查研究是我们党的优良传统和政治本色，是革命、建设、改革取得胜利的重要法宝，也是各级干部做好各项工作的基本功。在调查研究方面，习近平总书记不仅是身体力行的实干家，更是善于总结、与时俱进的理论家。长期以来特别是党的十八大以来，习近平总书记身体力行、亲力亲为深入进行调查研究，为全党作出了表率，同时就调查研究作出了一系列重要论述，形成了科学系统的调查研究思想。习近平总书记关于调查研究重要论述，运用辩证唯物主义和历史唯物主义世界观和方法论，着眼世情、国情、党情的新变化，创造性地提出了一系列新思想新观点新论断，富于时代性、规律性和创新性，是马克思主义关于调查研究思想的丰富和发展，是习近平新时代中国特色社会主义思想的重要组成部分，是指引我们做好新时代调查研究的强大思想武器和行动指南。下面，我就学习领会习近平总书记关于调查研究重要论述，谈几点初步体会。

一、调查研究的重要性：谋事之基、成事之道

作为认识和了解社会的重要手段和方法，调查研究历来受到人们的重视。我国传统思想文化特别是传统哲学具有重经验、重现实的实用理性思维特征，历代思想家、政治家有不少调查研究的宝贵经验和深刻感悟。孔子周游列国、虚心好问，“入太庙，每事问”。墨子强调“得下之情则治，不得下之情则乱”“一目之视也，不若二目之视也；一耳之听也，不若二耳之听也”。王安石则“农夫女工无所不问”。管仲在《管子·问》中提出了国情调查要点,包括数量和质量的指标。孙武在《孙子》中主张调查“五事”，研究“七计”，从而做到“知彼知己，百战不殆”。商鞅提出“强国知十三数”思想，对全国的粮食、人口、官兵等数量进行调查，其中特别强调人口调查，他对西周时期的人口调查登记制度予以改进并在秦国实行。唐代刘晏为及时掌握各地商情动态，推动朝廷在各道设置巡院官，安排专人报告商情。明代张居正为解决当时国家的财政危机，上奏疏对财政收支

状况进行调查分析，根据“量入为出”原则实现财政平衡。

调查研究是马克思主义形成、发展的实践基础和根本路径，是马克思主义者认识世界的根本方法。马克思、恩格斯、列宁等为了适应无产阶级革命斗争的需要，亲自深入工人之中，掌握了大量的第一手资料，为他们的理论研究奠定了基础，从而使他们的理论成为工人阶级斗争的武器。为写作《资本论》，马克思研究过1500多部书籍和档案文件，并深入到工厂、农村进行考察，对资本主义国家的经济状况进行广泛的调查研究。“研究必须充分地占有材料，分析它的各种发展形式，探寻这些形式的内在联系。只有这项工作完成以后，现实的运动才能适当地叙述出来”，这是马克思、恩格斯对理论研究方法的概括。

我们党在长期革命、建设和改革开放实践中形成了调查研究的优良传统。一部中国共产党的历史，就是党在调查研究的基础上，把马克思主义基本原理同中国具体实际相结合，不断推进理论创新和实践创新的历史。党的领袖在调查研究方面为我们树立了光辉典范。毛泽东同志是我们党调查研究的开创者和开拓者，提出了“没有调查，就没有发言权”“调查就像‘十月怀胎’，解决问题就像‘一朝分娩’”等著名论断，其调查研究思想为毛泽东思想的形成和发展奠定了坚实的实践基础。邓小平同志强调“我们办事情，做工作，必须深入调查研究，联系本单位的实际解决问题”，他在作决策之前，都要问问数字、算算细账。江泽民同志提出了“没有调查就没有决策权”的重要论断。胡锦涛同志要求各级领导干部要坚持开展系统的调查研究，了解真实情况，掌握工作主动权。习近平总书记把调查研究置于党和国家发展全局的战略高度予以看待，强调“调查研究不仅是一种工作方法，而且是关系党和人民事业得失成败的大问题”，“调查研究是谋事之基、成事之道”。在党的十九届一中全会上，习近平总书记指出，“正确的决策离不开调查研究，正确的贯彻落实同样也离不开调查研究”，并要求全党大兴调查研究之风。“正确的贯彻落实同样也离不开调查研究”，这与“没有调查就没有发言权”“没有调查就没有决策权”两个论断一道，逻辑紧密地联系为一个整体，使党的调查研究理论全面涵盖了发言权、决策权、落实权的全部链条。长期以来，习近平总书记坚持眼睛向下、脚步向下，深入开展调查研究，“当县委书记一定要跑遍所有的村，当地（市）委书记一定要跑遍所有的乡镇，当省委书记一定要跑遍所有的县市区”。《习近平谈治国理政》一书中记载：在正定，他跑遍了所有村；在宁德，他到任 3 个月就走遍了 9 个县，后来又跑遍了绝大部分乡镇；到任浙江后，他用一年多时间跑遍了全省 90 个县市区；在上海仅 7 个月，他就跑遍了全市 19 个区县；到中央工作后，他的足迹遍及 31 个省区市。党的十八大以来，习近平总书记深入社区、乡村、企业、学校、军队，察民情、访民意、问良策。习近平新时代中国特色社会主义思想，正是他在不断深入实际调查研究基础上形成的，源于实践又指导实践。

二、调查研究的根本原则：坚持实事求是

实事求是是党的思想路线的实质和核心。实事求是的“求”就是调查研究。调查研究的目的是揭示事物的真相及其内在的规律和联系，客观、真实是调查研究的生命。习近平总书记指出：“调查研究必须坚持实事求是的原则，树立求真务实的作风，具有追求真理、修正错误的勇气。”“调查研究一定要从客观实际出发，不能带着事先定的调子下去，而要坚持结论产生在调查研究之后，建立在科学论证的基础上。对调查了解到的真实情况和各种问题，要坚持有一是一、有二是二，既报喜又报忧，不唯书、不唯上、只唯实。”但“有些干部，不是不了解情况，也不是看不到问题，而是不愿正视现实，不敢讲真话，报喜不报忧。这些现象都是违背实事求是原则的。在调查研究中能不能、敢不敢实事求是，不只是认识水平问题，而且是党性问题。只有公而忘私，把党和人民利益放在第一位，才能真正做到实事求是”。党的十八

大以来，正是由于始终坚持实事求是原则，敢于直面问题，勇于攻坚克难，我们党才带领人民把中国特色社会主义事业不断推向前进。这启示我们，要坚决反对“四风”特别是形式主义、官僚主义，始终坚持实事求是，不断提高调查研究的实效。

三、调查研究的科学内涵或要旨：把握好“六个过程”

习近平同志2004年4月在富阳市调研时的讲话中提出了调查研究的“五个过程”，2011年11月在中共中央党校秋季学期第二批入学学员开学典礼上的讲话中又提出“调查研究的过程是领导干部提高认识能力、判断能力和工作能力的过程”。这“六个过程”简明而深刻地概括了调查研究的重大意义、科学内涵和基本要求，丰富和发展了马克思主义关于调查研究的理论。

调查研究是一个了解情况的过程。习近平总书记指出：“通过深入基层、深入实际、深入群众，我们可以了解群众在想什么、盼什么，最需要我们党委、政府干什么。从而，使我们的各项决策和工作部署，集中民智，体现民意，反映民情，做实一件事，赢得万人心，真正做到情为民所系，利为民所谋，权为民所用。”他强调，要多层次、多方位、多渠道调查了解情况，“真正搞清楚本地区本部门本单位的实际情况，真正搞清楚影响改革发展稳定的突出问题，真正及时了解人民群众的所思所盼”。

调查研究是一个联系群众、为民办事的过程。习近平同志在刚刚当选总书记后的十八届中央政治局常委与中外记者见面时指出，人民是历史的创造者，群众是真正的英雄，人民群众是我们力量的源泉，强调“要以人民群众利益为重、以人民群众期盼为念，真诚倾听群众呼声，真实反映群众愿望，真情关心群众疾苦”。他认为重视调查研究就是重视人民的主体地位、尊重人民意志、学习群众智慧，把调查研究提升到“坚持以人民为中心的工作导向”的高度来看待。调查研究也是实现决策权力和人民权利相统一、党性和人民性相统一的重要手段。习近平总书记指出，只有通过从群众中来、到群众中去的调查研究，“真正保持党同人民群众的密切联系”，才能“代表最广大人民的根本利益”，实现决策的民主化。在《之江新语》一书中，习近平总书记写道：“在对重大问题进行决策之前，一定要有眼睛向下的决心和甘当小学生的精神，迈开步子，走出院子，去车间码头，到田间地头，进行实地调研，同真正明了实情的各方面人士沟通讨论，通过‘交换、比较、反复’，取得真实可信、扎实有效的调研成果，从而得到正确的结论。”他强调，调查研究要“身入”更要“心到”，“真心实意地交朋友、拉家常，通过面对面交流，直接了解基层干部群众的所想、所急、所盼”。“既要听群众的顺耳话，也要听群众的逆耳言，这样才能听到实话、察到实情、收到实效”。只有通过这样从群众中来、到群众中去的调查研究，才能使各项决策和工作部署集中民智、体现民意、反映民情。

调查研究是一个推动工作的过程。习近平总书记指出，“一项决策作出后，光靠从会议到会议、从文件到文件，是不行的，也是解决不了问题的”，必须“政策实施后要跟踪反馈，发现问题及时调整完善”，“让改革发展稳定各项任务落下去，让惠及百姓的各项工作实起来，推动党中央大政方针和决策部署在基层落地生根”。他要求各级领导干部通过深入调查研究，对真实情况了然于胸，使工作有抓手、破题有办法。

调查研究是一个自我学习提高的过程。调查研究本身就是向群众学习、向实践学习的过程，是提高认识能力、判断能力和工作能力的过程，是加强党性锻炼、强化理想信念宗旨的过程。习近平总书记指出，经常调研“非常有益于促进领导干部正确认识客观世界、改造主观世界、转变工作作风、增进同人民群众的感情，有益于深切了解群众的需求、愿望和创造精神、实践经验”。

调查研究是一个科学决策的过程。调查研究是科学决策的前提和基础。多年前，习近平总书记在地方工作时就深刻指出：“调查研究的过程就是科学决策的过程，千万省略不得、马虎不得。”当前改革进入攻坚期和深水区，经济结构转型升级处于关键期，社会诉求多元、利益关系复杂，多种矛盾和问题交织叠加。只有通过深入调查研究，才能摸清具体情况，把准改革、发展、稳定脉搏，发现症结点、抓住结合点。正如习近平总书记所讲："情况搞清楚了，就要坚持从实际出发谋划事业和工作，使想出来的点子、举措、方案符合实际情况，不好高骛远，不脱离实际。"

调查研究的过程是领导干部提高认识能力、判断能力和工作能力的过程。领导工作，说到底是一个"决策—落实"的过程；领导者的职责，概括地说，就是作决策与抓落实。作决策需要调查研究，抓落实同样也需要调查研究。领导干部不论阅历多么丰富，不论从事哪一方面工作，都应始终坚持和不断加强调查研究。习近平总书记指出："现在的交通通信手段越来越发达，获取信息的渠道越来越多，但都不能代替领导干部亲力亲为的调查研究。因为直接与基层干部群众接触，面对面地了解情况和商讨问题，对领导干部在认识上和感受上所起的作用和间接听汇报、看材料是不同的。"他强调，"各级领导干部特别是高级干部要围绕经济社会发展重大问题加强学习和调研，提高把握和运用市场经济规律、自然规律、社会发展规律能力，提高科学决策、民主决策能力，增强全球思维、战略思维能力，做到厚积薄发"。而"通过深入实际调查研究，把大量和零碎的材料经过去粗取精、去伪存真、由此及彼、由表及里的思考、分析、综合，加以系统化、条理化，透过纷繁复杂的现象抓住事物的本质，找出它的内在规律，由感性认识上升为理性认识，在此基础上作出正确的决策，这本身就是领导干部分析和解决问题本领的重要反映，也是领导干部思想理论水平和工作水平的重要反映”。我国是个农业大国，有几千年的农耕文明史，虽然随着工业化、城镇化的深入推进，农业比重和农村人口比例不断下降，但农业农村农民问题始终是关系国计民生的根本性问题。习近平总书记指出，“不了解农村，不了解贫困地区，不了解农民尤其是贫困农民，就不会真正了解中国，就不能真正懂得中国，更不可能治理好中国”，他强调“各级领导干部一定要多到农村去，多到贫困地区去，了解真实情况，带着深厚感情做好扶贫开发工作”。

四、调查研究的基本要求：念好“深、实、细、准、效”五字诀

2003 年 2 月，习近平同志在浙江省委理论学习中心组学习会上的讲话中指出，“在调查研究工作中，一定要保持求真务实的作风，努力在求深、求实、求细、求准、求效上下功夫”。“深、实、细、准、效”，短短五个字蕴含了深刻的哲理和方法论意义。

“深”，就是“到基层调查，要一下到底，亲自摸情况，直接听反映，寻求‘源头活水’”。只有深入群众，深入基层，到田间地头去听民声、察民情、解民忧，才能得到第一手资料。“实”，就是作风要实，轻车简从，真正做到听实话、摸实情、办实事。“细”，就是要认真听取各方面意见，掌握全面情况。“准”，就是调查研究必须具有现实针对性和可行性，“要在调查的基础上进行深入细致的研究，进行一番交换、比较、反复的工作，把零散的认识系统化，把粗浅的认识深刻化，直至找到事物的本质规律，找到解决问题的正确办法”。“效”，就是“调研形成的建议必须兼顾需要和可能”，“提出解决问题的办法要切实可行，制定的政策措施要有较强操作性，做到出实招，见实效”。“衡量调查研究搞得好不好，不是看调查研究的规模有多大、时间有多长，也不是光看调研报告写得怎么样，关键要看调查研究的实效，看调研成果的运用，看能不能把问题解决好”。

调研务求“深、实、细、准、效”，这既是确保调查研究不流于形式、不浮于表面的客观要求，同时也是我们立足新时代、开拓新局面、开辟新境界的前提条件。坚持“深、实、细、准、效”的调研要求，就是要求我们从正在做和将要做的实际工作出发，把情况摸清楚，把群众所思所盼摸清楚，坚决摒弃“蜻蜓点水”式调研、“钦差”式调研、“被调研”、“嫌贫爱富”式调研，真正拜人民为师、向人民学习，真正把功夫下到察实情、出实招、办实事、求实效上。

五、调查研究的选题方向：做到“四个紧扣”

选题是调查研究的起点，选题方向是否正确、切入点是否恰当，往往决定调查研究的成败。要正确选题，必须增强问题意识、坚持问题导向。习近平总书记指出，“问题是时代的声音”，“我们中国共产党人干革命、搞建设、抓改革，从来都是为了解决中国的现实问题”。当今中国经济社会正在发生历史性变革，需要研究的问题很多，怎么才能选准调研方向和切入点？习近平总书记指出，“调查研究要紧扣人民群众生产生活，紧扣经济社会发展实际，紧扣全面从严治党面临的现实问题，紧扣贯彻落实党的十九大精神需要解决的问题”。这“四个紧扣”为我们指明了调查研究选题的基本方向。具体来说，应围绕以下几个方面来选题：群众反映强烈的问题，改革发展和现代化建设中的重点和难点问题，社会上关注的热点问题，领导同志近期比较关心的问题，各方面争议比较大的问题，带苗头性、倾向性和趋势性的问题，重大部署、重大政策出台前各方面的反映、实施中应注意的问题以及出台后的落实情况等。以上这些，一般都是党和政府关注的重点，从中选择和确定调研的具体题目，就比较容易引起决策层的重视并予以采纳，收到比较好的效果。

六、调查研究的思想方法：用好唯物辩证法

辩证思维贯穿于习近平总书记治国理政方略之中。他在十八届三中全会第二次全体会议上强调：“在推进改革中，要坚持正确的思想方法，坚持辩证法。”搞调查研究也应如此。当前国内外形势错综复杂，各种矛盾相互交织，新情况新问题层出不穷，调查研究需要强化辩证思维，善于辩证分析，避免陷入形而上学，防止孤立、静止、片面地看问题。

首先，要透过现象看本质。经济社会现象是复杂多变的，其表现形式是多种多样的，作为调研者不要为一时一地的表象所惑，要善于抓住本质真相，“找到事物的本质规律，找到解决问题的正确办法”。其次，要坚持一分为二地看问题。既要看到有利的一面，也要看到不利的一面，善于在“危”中看到“机”、在“困”中找到“路”、在“难”中找到“解”。第三，要善于抓主要矛盾和矛盾的主要方面。当前我国改革发展稳定面临的矛盾和问题很多，调研者要善于从林林总总的矛盾中找出主要矛盾和矛盾的主要方面，而不能“眉毛胡子一把抓”。

第四，要用联系的发展的眼光看问题。调研者应该具有开放的胸怀和宽广的眼界，在全面把握不同领域、区域、要素的普遍联系中把握问题的本质，在继承与创造的有机统一中提高调查研究的前瞻性。

还有一个至关重要的思想方法是坚持走群众路线。群众观点是马克思主义的一个基本观点，群众路线是党的生命线和根本工作路线。调查研究的目的是为了解决问题，说到底就是一切为了群众；调查研究的过程，概括起来就是从群众中来，到群众中去。“从群众中来”就是“将群众的意见（分散的无系统的意见）集中起来”；“到群众中去”就是将收集起来的各种意见建议，“经过研究，化为系统的意见”，制定出符合群众利益的路线、方针、政策，再回到群众中去，即把党的路线、方针、政策交给群众，使之转化为群众的行动。习近平总书记指出，“调查研究成果的质量如何，形成的意见正确与否，最终都要由人民群众的实践来检验”，并在群众行动中考验这些意见是否正确。问题产生在基层，解决问题的智慧和办法也在基层、在群众中。只有基层群众最了解实情、最知道应该怎么办。正如毛泽东同志所说：“凡是忧愁没有办法的时候，就去调查研究，一经调查研究，办法就出来了，问题就解决了。”他在《〈农村调查〉的序言和跋》中说，做调查研究“第一是眼睛向下，不要只是昂首望天。没有眼睛向下的兴趣和决心，是一辈子也不会真正懂得中国的事情的”。习近平总书记强调，“好的方针政策都应该来自人民、顺应人民的意愿、符合人民的所思所想”，“要拜人民为师、向人民学习，放下架子、扑下身子，接地气、通下情，深入开展调查研究，解剖麻雀，发现典型，真正把群众面临的问题发现出来，把群众的意见反映上来，把群众创造的经验总结出来”。

七、调查研究的工作方法：注重“三性”、新老结合

工作方法是否得当，直接关系到能否掌握实际情况。在这方面，习近平总书记教给我们一套行之有效的办法。习近平总书记指出，“我们党有着丰富的调查研究经验，在长期的实践中形成了许多行之有效的调查研究方法，如召开调查会、研讨会、走访调查、蹲点调查、典型调查、实地考察等，我们要在新时期加以继承和完善”。他强调：“要注重调查研究的广泛性，避免盲人摸象，以偏概全、以点代面，只见树木、不见森林；要注重调查研究的针对性，围绕中心、贴近实际，忙在点子上、谋到关键处；要注重调查研究的有效性，不仅要重调查，更要重分析研究，能够综合提炼、见微知著、管窥全豹。”

中国特色社会主义进入新时代，面临的国内外环境条件正在发生深刻变化，对调查研究工作提出了新要求。比如，我国互联网已渗透到经济社会发展的方方面面，网民数量大量增加。2016 年 4 月 19 日，在网络安全和信息化工作座谈会上，习近平总书记指出："网民来自老百姓，老百姓上了网，民意也就上了网。""对网上那些出于善意的批评，对互联网监督，不论是对党和政府工作提的还是对领导干部个人提的，不论是和风细雨的还是忠言逆耳的，我们不仅要欢迎，而且要认真研究和吸取。"要适应新形势新情况特别是当今社会信息网络化的特点，进一步拓展调研渠道、丰富调研手段、创新调研方式，学习、掌握和运用现代科学技术含量高的调研方法，如问卷调查、统计调查、抽样调查、专家调查、网络调查等，要根据调研任务和要求的不同，采用不同的调研方法，大胆创新，多管齐下，提高调研工作的效率和科学性。

八、对政策研究部门调研的特别要求：围绕中心、服务决策

作为各级党委和政府决策的参谋和助手，政策研究部门承担着调查研究的重要职责。要履行好这些职责，必须准确把握好定位。习近平总书记指出："一般的

调查研究，是为了了解基层的实情，增进同群众的感情，但政策研究部门要求要更高一点，不仅要重调查，更要重研究，我曾经说过‘关键是调查后要善于研究，抓点时要善于管窥全豹，跑面中要能够见微知著，综合提炼’。”他强调，要“贴近实际、贴近群众、贴近决策，忙在点子上，谋在关键处，做到有的放矢，事半功倍，富有成效”。“政策研究部门的同志就是要有抓住重点、找准典型的敏感性，发扬锲而不舍、刨根问底的钻研精神。同时，政策研究部门的调查研究，既不是纯粹的理论研究，也有别于具体的工作部署，而是一种理论与实践相结合的对策性应用研究，必须强调‘研以致用’。正所谓‘文可载道，以用为贵’。具体来说，调研的选题必须‘围绕中心工作’紧扣现实工作需要，出发点是为党委、政府工作提供所需的对策建议，落脚点是解决经济社会生活中的具体问题；调研的视野必须宽广开阔，既要预见潮流所在和大势所趋，又能看到‘风起于青萍之末’的苗头性、倾向性问题；调研的过程必须是去粗取精、去伪存真、由此及彼、由表及里的精心分析和研究的过程，要能够抓住事物的本质和症结所在，反映事物的全貌和特征，找到解决问题的有效办法和途径，切忌浮光掠影，主观臆断，孤立地、静止地、片面地观察事物、研究问题；调研形成的建议必须兼顾需要和可能，提出切实可行的具体措施。有些对策建议看似正确，却因难以实际操作，只能束之高阁”。

国务院研究室承担着综合性政策研究、决策咨询和《政府工作报告》等重要文稿起草任务，我们要认真学习领会习近平总书记关于调查研究重要论述特别是对政策研究部门提出的要求，紧紧围绕党和国家的中心工作，深入实际调查研究，全面正确履行好职责，以笔杆子报效党和人民。

（作者系国务院研究室党组书记、主任）

一、实施积极的财政政策和稳健的货币政策

怎样看待3%赤字率“警戒线”

宋立

3%的赤字率是欧元区趋同标准之一的“财政稳定”指标，并不是真正意义上的国际警戒线，实际上许多欧元区国家都持续突破了其限制。由于3%赤字率限制并非孤立指标，而是60%债务负担率的配套指标，3%能否突破关键看债务负担率高低。如果债务负担率明显低于100%，赤字率短期突破不会有问题。我国当前债务负担率约44%，处于安全区间，赤字率可按贴近3%掌握。

一、3%的赤字率是怎么来的？实质是什么？

欧元区3%的赤字率标准，不仅是对欧元区和欧盟成员国的财政约束，对其他国家也产生了一定影响，包括美国在内的不少国家自觉不自觉地把3%看成财政赤字的警戒线或上限。但围绕3%的争论从来就没有断过，有人将其视为国际警戒线，有些人则认为它只是欧元区的指导线或约束线。

从起源看，3%的赤字率不是孤立的单一指标，而是为推出欧元而制定的一组指标之一。1991年，为了统一各国财政，消除国际社会对欧元前景的担忧，保障欧元以较强姿态推出，欧元区实行严格的财经纪律，制定了价格、财政、汇率、长期利率“四个稳定”的趋同标准。在“财政稳定”方面提出了两个指标，3%的赤字率和60%的债务负担率即政府杠杆率。

3%和60%并不是两个随机选择的标准，而是存在内在联系。对两个指标是如何设定的，一直缺乏权威解释。据欧盟有关财经官员介绍，1991年欧元区国家平均债务负担率61.8%、平均赤字率2.9%。鉴于当时各国经济财政状况，降低债务水平可能性不大，最好保持债务水平不上升。当时欧元区潜在经济增长率为1%—2%，合意物价上涨率为1%—2%，合计3%左右。按照设计意图，如果赤字率控制在3%之内，当年新增债务就可以为经济增长和物价上涨吸收，债务负担率就可以保持不变。从指标由来可见，债务负担率是实质性约束，赤字率是债务水平保持不变的条件，服务于前者。将3%称为警戒线言过其实，称之为稳定线或保障线较恰当。

二、为什么许多欧元区国家突破了3%和60%？

许多欧元区国家如葡萄牙、意大利等从20世纪90年代以来就突破了3%的赤字率和60%的债务率。即使实力最强大、财政最健全的德国也在2001—2005年和2009—2010年两个阶段持续突破限制，赤字率最高达到4.2%。欧元区平均赤字率2003年和2009—2013年超过3%，2009—2010年最高超过6%。在债务负担率方面，欧元创立之初的1999年，除卢森堡、爱尔兰和芬兰符合，德国勉强符合外，其他创始国都突破了，11个创始国平均债务负担率高达70%。此后欧元区平均债务负担率一直在60%以上，其中2000—2008年基本保持在65%—70%之间，2008年之后上升到90%左右并持续到现在。

为什么这么多国家大面积持续突破了“财政稳定”标准？原因大致有三：一是趋同标准是特定历史条件下的理想标准，目的在于确保欧元顺利且较为强势推出，安全系数定得比较高，以至于许多国家难以达到。二是趋同标准是政治妥协的产物，具有一定弹性。欧元区各国情况存在一定差异，为了兼顾各国情况，不得不做出变通处理，如对3%的赤字率，规定“明显地持续下降并接近，或仅是例外或暂时超过”都不属于“过度”背离。三是3%的赤字率是周期性的经常预算赤字，即在一段时间内保持在3%之内，并不要求年年限定在3%，且政府投资不算赤字。

此外，制定3%赤字率的理论依据也存在问题。从严格的数学推导看，要使债务负担率不变，赤字率必须小于或等于名义经济增长率与债务负担率的乘积。欧元区所依据的“赤字率不超过名义经济增长率，每年新增债务即可为经济增长率和物价上涨所吸收”的情况，只有在债务负担率为100%时才成立，由于当时欧元区债务负担率只有60%左右，由此得到的赤字率标准存在高估。如推出欧元的1999年，欧元区物价上涨率1.7%，经济增长率3%，名义经济增长率4.7%，要债务负担率保持在60%左右，需要赤字率保持在2.8%之内，但实际赤字率为3.2%，债务负担率上升到了70%。发生欧债危机的2010年，欧元区经济增长率2.1%，物价上涨1.5%，赤字率高达6.2%，明显超过了保持债务负担率不变的2.6%，当年债务负担率上升到了86%，许多国家超过了100%。可见，对于保持债务负担率不变而言，欧元区3%的赤字率偏宽松了。但即便是偏宽松的标准也在实践中被持续大面积突破，说明当初的设计不太符合实际，缺乏可行性。

三、突破3%和60%有什么后果?

根据我们之前对41个经济体杠杆率的计量研究，59%是政府杠杆率即债务负担率的拐点，这与欧元区60%的标准接近。当政府杠杆率低于59%时，杠杆率每增加10%可带动经济增长率提高0.2个百分点；在发展水平较低的经济体，杠杆率每增加10%可带动增长率提高0.4个百分点；但当政府杠杆率超过59%时，每增加10%仅能拉动经济增长不到0.1百分点。当政府杠杆率超过100%时，杠杆率每增加10%，债务危机概率增加4.3个百分点，爆发危机可能性迅速增加。

据此，可将59%视为政府杠杆率的适度区间下限，100%为适度区间上限。在政府杠杆率不足60%时，为了促进经济增长，可继续加杠杆。一旦超过60%，加杠杆对经济增长促进作用明显下降，出于公共服务等需要，仍可继续加杠杆。但为了防范风险，杠杆率不宜超过100%。从这个意义上来说，债务负担率需要警戒线，赤字率属于中介或先行指标。

短期突破3%和60%并不会立即带来严重后果，但如果赤字率持续上升，导致债务负担率超过100%，则发生危机可能性明显加大。比利时、意大利和希腊等国经济增速长期偏低、债务负担率保持在100%以上，希腊和意大利的赤字率也超过3%。葡萄牙在1999年欧元启动时债务负担率只有62.5%，但赤字率长期明显高于3%，致使债务负担率在2010年超过了100%。爱尔兰和西班牙1999—2007年债务负担率略高于60%，赤字率基本上处于3%之内，但2008年后赤字率急剧上升，债务负担率随后超过了100%。葡萄牙、意大利、爱尔兰、希腊、西班牙相继出现债务危机也就不足为奇。实际上，比利时也“处于债务危机的边缘”，所幸债务负担率呈现长期下降趋势，没有发生现实危机。

四、我国赤字率和债务负担率究竟怎么把握？

一个时期以来，围绕我国赤字率是否突破3%存在较大争论，主张突破者认为我国当前经济下行压力较大，加大财政政策力度势在必行，3%不是真正的国际警戒线，没有必要死守。反对者关注我国实际赤字和债务状况，认为实际赤字远超3%。

根据财政部门数据，2017年我国一般财政收入总量18.27万亿，支出总量20.33万亿，赤字2.38万亿，赤字率2.88%。一些国际机构和专家运用“增扩赤字”或“全口径财政赤字”概念，将专项建设基金、城投债、政策性银行金融债等纳入赤字，据此认为我国赤字率远超3%，甚至达到10%以上。这些结论显然混淆了赤字与债务、债务与或有债务。一是3%赤字率是指经常预算赤字率，不包括资本预算赤字。地方专项债券等不应计入，欧美发达国家和日本等也都如此。二是债务本身不是赤字、只是弥补赤字的手段。赤字是收支差额，以往结存收入和发债都是弥补赤字的手段。三是或有债务不是政府直接债务，只能按概率计入。世界银行对此有专门区分。地方置换债券属于地方政府代平台发行，偿还主体为平台，不应直接计入财政统计，鉴于政府的担保或道义责任，可按一定代偿率计入或有债务。PPP和政府引导基金具有政府背景，且普遍存在“名股实债”问题，也可作为或有债务。但无论如何，没有任何道理计入一般预算赤字率。

实际赤字率关系政府杠杆率。实际上，我国债务负担率并没有像一些机构和专家估算的50%—60%那么高。2017年我国政府债务29.95万亿，直接债务负担率36.2%，处在安全范围。当前我国潜在增长率6.5%左右，物价上涨率3%，名义经济增长率9%左右。如果坚持稳杠杆，政府杠杆率控制在目前的44%左右，近期赤字率可按贴近3%掌握。

如果考虑到未来面临的养老金缺口，债务负担率上升不可避免。同时，结构性去杠杆也是有升有降的过程，需要政府杠杆率适当上升来置换部分由企业承担的准公共服务，以及对中央政府杠杆率和地方政府杠杆率进行适当转换，需要也可以容忍一定程度的政府杠杆率上升。如果2035年前后控制在60%左右，每年预留1个百分点的上升空间，则赤字率可以进一步上升。研究表明，我国潜在经济增长率有可能从目前的6.5%左右下降到2035年前后的5%左右，合意的物价上涨率从2.5%下降到2%之内，赤字率还可略超3%。

关于简并征收小微企业综合税的建议

刘若霞

当前，减轻小微企业税负对稳就业、促增长、保民生尤为重要。不少小微企业反映税负较重，不仅是纳税额较高，遵从成本也很高，优惠政策获得感不强。对此，我们与有关研究机构和企业工作人员进行了座谈调研，建议结合税费改革和机构改革，推动实施简并征收小微企业综合税，优化纳税服务，切实降低小微企业税收综合负担。

一、我国小微企业税收征管中存在的问题

我国小微企业数量众多、税源分散且税额较少，税收征管成本高、效率低、漏出多，主要表现在以下几个方面。

一是优惠政策短期化、碎片化、复杂化。近年来，对小微企业税收的减免优惠大多属于应对经济下行压力的临时性措施，且政策较为分散、涉及部门多、前置条件复杂，没有形成综合性、整体性、长期性的政策体系。在落实过程中，基层税务人员“吃透”政策尚需一段时间，再对提出申请的小微企业逐一核查是否

符合政策条件。有的企业甚至觉得享受一些优惠政策成本太高，真正得到的实惠并不多。

二是税种多、税率高、起征点低。我国对小微企业税收框架与大企业相同，根据企业性质和行业不同，主要有增值税、企业所得税、城市维护建设税等10多个税种。目前，增值税小规模纳税人按销售额3%计征，现执行的起征点为月销售额3万（按季申报为9万），小微企业所得税按利润10%计征，再加上其他税种，小微企业实际税负仍然较高。2018年小规模纳税人年销售额标准提高到500万元，享受减半征收企业所得税优惠的企业增多，但减税力度还不够。

三是小微企业税收遵从成本相对较高。目前对小微企业税收征管主要有查账征收和核定征收。查账征收对大中小微企业的征管流程相同，小微企业往往缺乏专业化税务人才，面对纷繁复杂的优惠政策，各种各样的申请表格，小微企业很难弄明白，遵从成本相对较高。在实际征收中，税务部门对一些小微企业采取核定征收，但缺少相关规范，自由裁量权较大，经济好时税收漏出较多，经济下行压力较大时一些地方为确保财政收入，甚至出现反周期“逆向调节”，征收“过头税”等现象，加剧小微企业困难。

四是各部门对小微企业判定标准不一。工业和信息化部、国家统计局等部门联合印发了《关于印发中小企业划型标准规定的通知》（工信部联企业〔2011〕300号），按照从业人员、营业收入、资产总额等指标结合行业特点划分了中小微型企业。在税法和各项税费政策实施中，还存在多个不同分类标准，例如，《企业所得税法实施条例》中规定了小型微利企业，增值税征缴界定了小规模纳税人等。

二、简并征收小微企业综合税的经验做法

从国际看，欧美等发达国家税收征管比较规范，信用体系基本健全，小微企业纳税遵从成本不高，采取综合征收的国家不多。一些发展中国家税制不太完善，不少通过采取多税合一、简并征收的方式，有效降低小微企业税收成本。巴西《微型和小型企业法》规定，对小微企业征收“超简单税”，取代原有8个税种，小微企业税负减轻了一半。俄罗斯《税法典》规定，小微企业可自愿选择按照普通税制或简化税制交税，简化税制将增值税、所得税、利润税和财产税等合并为包定收入统一税，纳税额降低了一半左右。南非也为小微企业提供了选择权利，设置针对小微企业的流转税，替代增值税、所得税、资本利得税和临时税，大幅降低小微企业税收负担。

从国内看，对房屋出租纳税人和货运发票代开纳税人的税收征管实质上是按综合税率计征的简化方式。北京市地方税务局2004年出台的《北京市个人出租房屋税收征收管理办法》规定，对个人出租房屋应征收的各项税，包括个人所得税、城市维护建设税、城镇土地使用税、印花税等，可选择按实际租金收入的5%统一计算应纳税额，简化征管流程。从2003年起，对代开货运发票纳税人应缴纳多个税种合并征收，代开货运发票的企业综合税率按开票金额的6.7%（2008年后改为5.9%）计征，在税务部门开具税票并与国库交换后，按相应预算级次分别缴入中央和地方各级金库。

三、几点建议

应抓住当前税费综合改革和税务部门机构改革契机，借鉴国

内外经验做法，在不额外增加小微企业负担原则下，制定简化、透明、稳定的征管措施，可选取部分地区开展简并征收小微企业综合税试点，逐步在全国范围推广。

第一，界定小微企业统一标准。加快落实已修订的《中小企业促进法》，由主管部门牵头，财政、税务、金融等部门共同制定统一、互认的小微企业标准。在此基础上，明确实行简并征收小微企业综合税的政策范围。

第二，赋予小微企业纳税方式选择权。符合政策条件的小微企业可根据自身情况，自愿选择按现有税制纳税或是按简化流程缴纳综合税，并保持一定期限不变。纳税人选择缴纳小微企业综合税，包括了增值税、所得税、城市维护建设税等多个税种，税务部门不能再额外增加小微企业税收或其他费用。

第三，分类确定小微企业综合税率。不同行业的小微企业税种构成和税负水平有所不同。应充分考虑行业差异，合理确定小微企业综合税率。例如，据研究机构估算，目前零售业小微企业或个体工商户平均税负在年销售收入的3%至4%，建议综合税率可降为2%，让企业有获得感。

第四，适度提高起征点并允许扣减免征额。小微企业综合税起征点可适度提高，销售收入低于起征点的小微企业免征综合税，高于起征点的小微企业允许将起征点作为相应的免征额，按照实际销售收入扣减免征额后，再按综合税率计征。

第五，按比例归入中央和地方财政。按照现行增值税、企业所得税、个人所得税等主要税种各自所占比例，制定简并征收综合税后的分配比例，确定入库级次，分别归入中央和地方财政。

突出重点、分类指导推进企业去杠杆

宋立

我国以间接融资为主的金融体系短期内难以改变，经济发展必然伴随一定水平的杠杆率，去杠杆既是攻坚战又是持久战，需要客观认识、理性对待。企业部门去杠杆要把国有企业和房地产领域作为重中之重，以企业为单位进行，不简单以行业划线，避免“一刀切”式去杠杆造成误伤，影响低杠杆行业和企业的正常融资，对经济结构形成逆向调节。

一、精准识别高杠杆行业和去杠杆重点企业

衡量各行业及企业杠杆水平、确定去杠杆重点对象，关系去杠杆质量、效率乃至成败。宏观上一般以债务与GDP比值衡量经济整体及主要部门杠杆水平，微观上以资产负债率（又称举债经营比率）衡量具体企业杠杆水平。宏观杠杆率指标可以衡量总体去杠杆的结果，但衡量具体企业的杠杆水平可能产生偏差，不宜作为去杠杆的操作指标。企业部门去杠杆应以微观杠杆率（资产负债率）指标为主，适当参考宏观杠杆率指标。

国有企业和房地产领域应作为去杠杆的重中之重。无论按哪个指标，国有企业和房地产业都是毋庸置疑的去杠杆重点，但对工业企业、批发零售业、建筑业等而言，两个指标得出的结论不尽相同。从债务/GDP看，国有企业、工业企业、房地产企业杠杆水平较高。国有企业杠杆率水平高、上升快，2016年国有企业形成的杠杆率为136.4%，占企业部门杠杆率的83%。房地产企业杠杆率虽然基数不高但上升快，2016年房地产企业形成的杠杆率为65.8%。工业企业形成的杠杆率基本上居高不下，2017年规模以上工业形成的杠杆率为75.3%，相当于企业部门杠杆率的46%。其他如建筑业和批发零售业等形成的杠杆率均在20%左右。从资产负债率看，房地产业、批发零售业、建筑业及国有企业杠杆水平较高。生产企业资产负债率警戒线一般为70%，房地产、贸易等可稍高一些。过去10年，房地产行业资产负债率趋势上升，处在75%—80%。批发零售业资产负债率趋于下降，处于70%—75%。建筑业基本保持在66%左右。国有企业从60%上升到了65%。工业企业资产负债率稳中趋降，处在57%—55%之间。

按债务/GDP确定去杠杆重点行业易产生误伤。债务/GDP可推导为资产负债率（债务/资产）和资产与GDP比值的乘积，以债务/GDP衡量的杠杆水平既取决于企业自身的资产负债率，也取决于资产与GDP比值（实际上是行业规模大小）。工业企业等资产负债率虽不太高，但行业大、资产多，形成的杠杆率比较高。建筑业、批发零售业虽然资产负债率比较高，但行业小、固定资产少，形成的杠杆率比较低。如果以债务/GDP衡量行业或企业杠杆水平，就会出现行业越大杠杆率越高、行业越小杠杆率越低的情况，据此去杠杆有可能“压大放小”，即冤枉或误伤大行业中资产负债率低的企业，同时有可能漏掉小行业中资产负债率高的企业。

*一般工业企业不应作为去杠杆重点。*企业去杠杆应以资产负债率为主，兼顾债务／GDP指标。据此，应将房地产业、批发零售业、建筑业、国有企业，以及煤炭和钢铁等产能过剩行业等作为重点行业。其中，国有企业和房地产领域因为资产负债率高，且资产量大、形成的杠杆率高，属于重点中的重点。一般工业行业虽然形成的宏观杠杆率比较高，但资产负债率保持在合理区间，不应作为去杠杆重点，要谨防去杠杆误伤一般工业企业的正常融资与发展。

二、房地产领域是去杠杆的难点和关键所在

国有企业杠杆率高可说是预算软约束导致的老问题，房地产领域杠杆率高则是新现象，也是去杠杆的真正挑战。

*房地产企业微观杠杆率独树一帜。*虽然房地产业增加值仅占GDP的6%左右，远低于国有企业和工业行业，但房地产企业资产负债率以及负债与增加值、营业收入的比值都远高于其他行业，特别是房地产业的负债与增加值、营业收入比值独居榜首。2016年，房地产负债／增加值1016.29%，负债是增加值的10倍，远高于一般规模以上工业、建筑业的244%和批发零售业的262.50%。即使将建筑业增加值也计入房地产业，房地产业负债／增加值也高达500.3%。房地产业负债与营业收入比值为544%，远高于工业的52%、建筑业的67%。

*我国现阶段杠杆率快速上升主要是房地产引发。*房地产供求两端形成的杠杆率，即企业房地产开发贷与居民房贷相加形成的杠杆率为89%，占宏观杠杆率的36%。加上与房地产密切相关的建筑业，以及消费贷款变相进入房地产的部分，房地产相关杠杆率

在110%以上，占宏观杠杆率的四成多。如果剔除房地产因素，我国实体经济杠杆率将下降到140%左右，不仅大大低于发达国家平均水平，也低于新兴经济体平均数，杠杆率偏高问题就不复存在了。

高杠杆也许是房地产市场快速发展的伴生现象。从主要国家经验看，在房价快速上涨时期，往往也是杠杆率快速上升时期。如加拿大、英国、澳大利亚、瑞典、挪威、荷兰、美国、日本、韩国等，都曾经出现房价指数上涨100个百分点左右、杠杆率上升50个百分点左右的情况（美国、澳大利亚、英国等主要是居民杠杆率快速上升，韩国、日本和我国等主要是企业杠杆率快速上升），特别是挪威、瑞典、荷兰等杠杆率世界领先经济体都曾面临房价快速上升问题。德国等房价相对稳定的经济体，杠杆率上升比较缓慢。在一定意义上可以说，杠杆率快速上升是高房价的另一种表现。

三、点面结合、聚焦企业，确保去杠杆不误伤不漏网

建议对高负债行业中杠杆率明显超过平均水平的中上企业重点去杠杆，对其他行业中杠杆率领先的高负债企业掐尖性去杠杆，在保障经济发展的正常资金供给的情况下，把重点行业和企业的杠杆率降下来，同时为低负债部门释放应有的融资空间，推动全社会资源的重新配置和风险管控。

去杠杆要以企业为单位，防止简单以行业划线。推动企业去杠杆，既要突出重点，聚焦主要矛盾，把高杠杆行业的杠杆率及时降下来，并避免误伤高杠杆行业中的低负债企业，又要避免漏掉低杠杆行业中的高负债企业。理论上应分行业制定资产负债率预警线和红线等，但考虑到警戒线等问题复杂耗时，远水难解近渴，可先采用简便易行方法，把冒尖行业和其他行业冒尖企业资

产负债率控制住。

重点推进高资产负债率行业去杠杆。这些行业资产负债率高且对宏观杠杆率的影响大，对企业部门去杠杆具有决定性意义，可对明显超过行业平均水平的资产负债率中上等企业重点去杠杆，既要确保应去尽去，又要避免误伤无辜。

同时推进低杠杆行业的高资产负债率企业去杠杆。有些行业虽然整体杠杆水平并不高，但一些企业特别是行业内负债率拔尖企业的高杠杆问题极为突出，可对这些拔尖企业精准掐尖去杠杆，推动整个行业杠杆水平趋于下降。

谨防过急过快去杠杆加剧薄弱环节融资困难。鉴于杠杆率快速上升势头已基本遏制，要及时把去杠杆政策工具从货币政策转为信贷政策。货币政策要切实保持稳健中性，避免过度普遍性紧缩误伤低杠杆企业，对经济结构形成逆向调节，影响正常的经济发展。信贷政策要着力优化结构，引导资金合理流向小微企业、“三农”领域等薄弱环节，从严控制高负债行业、企业和个人消费性信贷增长。建议今后多提“加强薄弱环节金融服务”，慎提“加大对重点工程、重大项目的金融支持”，以利加强小微企业等薄弱环节金融服务，同时抑制国有企业杠杆率快速上升。

推动普惠金融"精准滴灌"助力优质小微企业发展

郭道锋　刘帅

小微企业是普惠金融的重要服务对象。发展好服务小微企业的普惠金融，对激发小微企业活力，助推小微企业成长壮大，进而实现小微活、就业旺、经济兴具有重要促进作用。但如何通过发挥市场力量，真正引导金融资源流向成长性较好但风险相对较高、盈利相对较少的小微企业，一直是个难题。随着金融监管加强、融资环境趋紧，小微企业融资难、融资贵的问题可能会更突出，必须找准堵点，精准施策。

一、服务小微企业的普惠金融发展迅速但仍存在"普而难及"的问题

按照党中央、国务院的部署，各大银行相继设立了普惠金融事业部，并对开展普惠金融业务实行增速、户数、申贷获得率"三个不低于"考核，普惠金融发展迅速，有力支持了小微企业的成长。截至2018年一季度末，具有普惠性质的小微企业贷款

（包括单户授信小于500万的小微企业贷款、小微企业主及个体工商户经营性贷款）余额7万亿元，同比增长12%，增速比上年末高2.2个百分点。但在调研中，也发现一些突出问题。

一是信息不对称，贷款需求和放贷供给对接效率低。大多数小微企业财务和信用管理不太规范、信息不完整、查核不方便，信用状况的识别度、区分度很低。即便是还贷能力较强的小微企业，银行等金融机构要精准识别和筛选出来进而授信、放贷，也要耗费很多时间、精力和资源投入，难度大、成本高、效率低。这必然会抬高小微企业的融资成本，加剧融资贵问题。据反映，特别是在防范化解金融风险任务较重的时候，一些银行等金融机构对小微企业贷款存在着更为从紧的倾向。同时，小微企业对银行的授信和放贷评估标准了解不多，在很多企业看来，银行授信和放贷都是“暗箱操作”，因此小微企业不仅在日常经营过程中很难针对性地改善自身信用管理、提升信用等级，还会导致对自身信用状况缺乏合理认知，在申请贷款、等待放款过程中因不切实际的过高期待而耗费很多精力和时间。这也是很多小微企业抱怨融资难、融资贵的一个重要原因。

二是信用贷和抵押贷发展不平衡，缺乏抵押物的小微企业融资难、融资贵。从银行获得贷款的小微企业大多是通过抵押资产获得贷款的，而无法提供资产抵押的小微企业要想获得贷款极其困难，普惠金融仍然“普而难及”。有媒体报道，某大城市一些银行很少做小微企业的信用贷，用于小微企业的信用贷额度紧张、审批时间长、贷款利率高，放贷额度一般在50万—100万元之间，年化利率一般在13%左右，比房产抵押贷的年化利率高出8个百分点。小微企业要想获得贷款，除了经营良好之外，还必须有充足的资产抵押，因而很多初创企业被拒之门外。金融机构之所以在抵押贷和信用贷之间厚此薄彼，根本原因还是在于小微企业的信用状况难以评估。

三是“名单管理”暗藏着排斥效应，“名单”外的更多小微企业融资困难。一些银行对服务小微企业的普惠金融业务实施名单管理，由总行下发名单，只有榜上有名的企业才能获得授信资格，而名单的准入条件常常是需与该银行进行深度合作，比如代发工资等。在国家政策引导金融资源向小微企业加大倾斜的背景下，一些银行不是放宽小微企业的授信准入标准，而是把资源倾斜在已经在本行获得授信的那些小微企业上。对那些在名单之外、尚未纳入授信范围内的更多小微企业而言，这成了一种变相的排斥。

四是考核机制不完善，压力传导使政策执行偏离初衷。对普惠金融业务实行“三个不低于”考核，初衷是希望督促金融机构提高对普惠金融的资源投入力度。但在实际执行中，有的金融机构为了提高申贷获得率，在减小申贷户数这个分母上花心思，增加受理申贷的前置评估程序，延长了整个贷款的办理周期，降低了效率。还有的金融机构为了完成新增客户数和融资投放量的指标任务，将大型企业的子公司列入小微企业普惠金融放贷范围，使那些真正需要资金的小微企业更难获得贷款。

二、推动普惠金融精准滴灌，促进金融资源流向优质小微企业

上述问题，无论是银企融资供需对接效率低、信用贷发展不足，还是“名单管理”的排斥效应或考核执行中的扭曲，根本原因都与小微企业的信用区分度低密不可分。作为自负盈亏的市场主体，银行作出放贷决策必然建立在相信企业具有较好的信用和

还款能力基础之上。在难以判断和区分小微企业资信和还款能力的情况下，银行自然会通过抬高融资门槛规避风险、提高利率来覆盖坏账损失，小微企业融资的“易得性”和“低风险”犹如鱼与熊掌不可兼得。这是小微企业融资难、融资贵问题的根源。实际执行中，服务小微企业的普惠金融在一定程度上存在“漫灌”的现象，无论上游放多大水，下游总感觉不解渴。普惠金融必须直面这一难题，围绕提高小微企业信用区分度、提升信息对称水平做文章，推动普惠金融由“漫灌”向“精准滴灌”转变，引导金融资源精准流向优质小微企业。

一要推动更广泛更深入的信息互联，畅通银行在企业授权下获取相关信息的渠道。在近几年开展“银税互动”的基础上，着力推动税务信息跨银行互联互通，使小微企业能够不受办税银行局限而在更多银行享受“以税定信”待遇，扩大其选择申贷银行的自由度，从而提高普惠金融市场竞争水平。进一步推动包括市场监管、不动产登记、公安等在内的更多部门间信息互联互通，充实查询内容，在确保合规合法、企业授权、数据保密的前提下，加大向银行开放相关数据的力度。

二要推动授信放贷标准公开，引导督促银行公布小微企业授信和放贷评估标准。引导银行特别是督促国有银行公开发布对小微企业授信和放贷的评估标准，实现小微企业普惠金融授信和放贷标准阳光透明。这既可以帮助小微企业“对号入座”，合理评估自身信用，避免过高融资期待而浪费时间和精力，又可以让小微企业“对症下药”，在日常经营过程中有的放矢地改善自身信用管理，有效提升信用等级。

三要推动开辟普惠金融信息服务专区，助力银行和小微企业的融资供需高效对接。联合各家银行，通过全国信用信息共享平台等，开辟面向小微企业的普惠金融服务专区。小微企业在专区上发布申贷需求、提交信用信息，银行在平台上进行筛选、预审，以此辅助线下放贷，实现供需高效对接，促进完善普惠金融的市场化竞争机制。这样可以减少小微企业与银行之间搜寻信息、比对选择、线下对接的时间和精力成本，提高信用大数据的服务能力和水平。

四要推动构建普惠金融网格体系，实现银行普惠金融业务由被动受理向主动服务转变。探索推进普惠金融网格化服务，将普惠金融服务区域划分为网格，由网格内银行网点定期收集、核验范围内小微企业贷款需求、还款能力和信用状况等信息，主动对接小微企业办理普惠金融业务。这既有利于明确责任，倒逼银行主动为小微企业提供个性化的普惠金融服务，又有利于缓解银行掌握小微企业信用信息不充分和网点分布不均带来的覆盖空白等问题，促进普惠金融在“最后一公里”实现精准服务。

五要推动完善考核机制细则，确保执行中不偏离普惠金融服务小微企业的政策初衷。完善“三个不低于”考核的操作细则，提高考核结果的真实性，尤其要避免执行中的扭曲。杜绝地方政府融资平台、大型公司的分子公司、房地产企业等在普惠金融服务小微企业中“滥竽充数”的现象。在考核新增客户数的同时，也要重视存量客户数的考核，有效防止金融机构盲目为新增客户放贷、忽视存量客户续贷，鼓励为存量客户做好继续融资服务，支持小微企业持续稳定经营。

存款减缓系短期和中长期因素共同引致
对居民储蓄率下降应客观看待

宋立　王元　吕峰

2018年4月份，住户存款减少1.32万亿元，创近年来单月最大降幅，引发了对储蓄存款乃至储蓄率下降的担忧，对此需要深入分析。4月份住户存款减少，既是短期季节性现象，也反映了近年来各项存款增速变化趋势，但与储蓄率尤其是居民储蓄率变化无关。中长期看，我国总储蓄率将趋于下降，但居民储蓄率有望保持稳定。受多种因素叠加影响，居民储蓄存款增速有可能持续减缓，需要客观看待、综合应对。

一、短期因素和中长期趋势共同引致住户存款减缓

从短期看，住户存款下降主要受季节因素影响。4月份住户存款大幅减少是历年“惯例”，主要原因是银行为应对监管、信息披露等在季度末“冲规模”，利用设定理财产品到期日等方式使季度末存款大幅增加。一季度过后，“虚增”的存款重新转换为理财产品，4月份存款随之大幅下降。2014—2017年，各年度4月

份住户存款分别减少1.23万亿元、1.05万亿元、9296亿元和1.22万亿元。2018年4月份虽然比去年4月份多减少1000亿元，但从1—4月整体来看，住户存款较上年同期多增2000亿元以上。

*从中长期看，住户存款减少是各项存款增速趋势变化的反映。*2016年以来，各项存款月度同比增速出现放缓趋势，从2015年末的19.1%降至2018年2月的8.4%，创近年来新低，4月小幅回升至8.9%。分部门看，住户存款增速自2017年三季度以来明显放缓；非金融企业存款增速自2017年初以来大幅放缓，2018年2月降至5%，为2015年7月以来新低；政府存款增速自2017年以来与住户存款和非金融企业存款呈反方向变化，减缓了各项存款增速下降程度。可见，各项存款增速下降的主要因素是非金融企业存款。企业存款增速之所以大幅下降，一方面是在当前经济状况和去杠杆背景下，企业偿债压力加大，挤压了现金流；另一方面是一些企业出于收益考虑，将部分存款转移至银行表外。

*住户存款增长趋势放缓主要受三方面因素影响。*首先是近年来银行理财、非银行金融机构资管等对存款的持续分流。如银行理财产品年末存续额从2013年的10.24万亿元增加到2017年的29.54万亿元，其中个人投资类产品存续额从7万多亿元增加到近20万亿元，各年度增加额均在2万亿元以上，2017年更是超过4万亿元。货币市场基金在互联网金融各种“宝”的助力下，由2013年末的7476亿元增加到2018年3月末的7.33万亿元。其次，房地产价格上涨、房贷政策收紧、首付比例提高等，导致储蓄存款减少。第三，新一代年轻人消费观念转变、消费倾向上升，自身储蓄较少，加上“啃老”等侵蚀父辈储蓄存款，也使住户存款增速放缓。

二、近年来居民储蓄存款下降与储蓄率关系不大

将储蓄率下降视为居民储蓄存款下降的重要原因，实际上属于误解。近年来我国储蓄率确呈稳步下降趋势，但居民储蓄率基本保持稳定。住户存款下降并不能简单等同于居民储蓄下降。在国民经济核算中，储蓄是指可支配收入扣除最终消费后的部分，为投资提供资金来源。住户存款只是居民储蓄的一部分，购买股票、债券、基金、理财等也是居民储蓄的存在形式。部分住户存款转换成理财、基金等，是资金脱离银行进入金融市场的所谓“脱媒”现象，是居民储蓄在金融体系内部的结构调整，并不是真正的居民储蓄减少。

企业和政府储蓄下降导致我国总储蓄率趋势降低。我国储蓄率一向较高，居主要经济体首位。横向比较，我国储蓄率水平和走势与东亚发展中国家组极其相似，与后期人口红利国家组、中等收入尤其是中高等收入国家组基本相同。1992年相关统计建立以来，我国储蓄率呈先上升、后下降的“倒U形”轨迹。2008年达到历史峰值52.3%，之后逐步下降。储蓄是可支配收入中扣除最终消费后的余数，消费率上升必然带来储蓄率下降。2008—2016年，我国消费率上升4.4个百分点，同期储蓄率下降6.5个百分点。尽管如此，2016年我国储蓄率仍比世界平均水平高22个百分点。分部门看，企业和政府储蓄率下降较快，导致总储蓄率降低。2008—2016年，企业储蓄率由25.5%下降到20.8%，下降4.7个百分点，占总储蓄率降幅的71%。主要是劳动者报酬占GDP比重不断提高，减少了企业可支配收入和储蓄。2016年，劳动者报酬占GDP比重为52%，比2008年提高3.5个百分点。同一时期，政府部门储蓄率由5.3%下降到2.8%，下降2.5个百分点，占总储蓄率降幅

的38%。主要是随着社会保障制度完善和保障力度加大，政府部门对居民部门的转移支付越来越多，减少了政府部门储蓄。在此期间，居民部门储蓄率不降反升，2016年为22.1%，比2008年上升0.6个百分点。事实上，居民部门储蓄率近年来一直比较平稳，基本在22%和23%之间小幅波动。将住户存款下降归因于居民储蓄率下降的观点，得不到统计数据的支撑。

未来我国居民储蓄率大幅下降可能性不大。总储蓄率与居民储蓄率受不同因素影响，下一步可能呈不同变化轨迹。对46个经济体1991年以来的计量分析表明，储蓄率与人口年龄结构、实际利率的相关关系最为显著，而与GDP增速、人均GDP水平等经济发展指标的相关性并不高，与存款占GDP比重等金融发展指标的相关性也不高。从我国情况看，劳动年龄人口占比与总储蓄率同向变化、实际利率与总储蓄率反向变化。未来我国劳动年龄人口及人口红利呈下降趋势，实际利率波动不会太大，因此总储蓄率将持续下降。计量分析表明，我国居民储蓄率主要受老龄人口占比和存款利率影响，老龄人口占比、存款利率与居民储蓄率均同向变化。未来我国老龄人口比重将进一步提高，伴随利率市场化深入推进，存款利率也将呈上升趋势，短期内居民储蓄率明显下降可能性不大。

三、客观看待、综合应对住户存款下降现象

住户存款下降既有不利影响，也存在积极影响，需要全面客观看待，及早做好应对工作。

一要加快推进利率市场化改革。住户存款之所以向理财、基金等转换，主要是收益存在明显差距，居民理财意识增强。为此，需要进一步深化利率市场化改革，扩大存款利率浮动范围，

提高银行自主定价水平，以缩小收益差距。银行要顺应存款增速放缓的趋势，主动调整业务结构，改进服务，降低对利差收入的依赖程度，增加中间业务收入。

*二要有效规范资本市场面向个人投资者的产品和服务。*大力培育发展机构投资者，是我国资本市场面临的重要任务，但并不意味着要将个人投资者排除在市场之外。金融机构要把握好投资者适当性原则，在产品设计和相关服务方面，对机构和个人两类投资者体现差异。特别要对个人投资者履行好信息披露的职责，杜绝虚假宣传。

*三要严厉打击非法集资等非法金融活动。*打击非法集资等非法金融活动，不仅是整顿规范金融秩序、防范金融风险、保护金融消费者的应有之义，也有利于减少其对银行存款的无序分流。要在做好重大非法金融活动案件“精准拆弹”的基础上，及时总结经验教训，抓紧建立长效机制。

*四要切实加强并改进投资者教育。*居民金融资产多元化有利于直接融资发展，但目前存在居民对投资风险认识不准确、投资不够理性等问题，不仅对合理配置资产不利，还有可能加大金融市场波动，引发群体性事件，不利于社会和谐稳定。为此，要适应居民金融资产多元化趋势，加大投资者教育力度，让居民有意识地了解金融产品属性、特点，特别是自身需要承担的风险，促进居民投资行为逐步走向理性。

*五要及早研究储蓄率变化的影响及应对举措。*总储蓄率是影响国内投资和国际收支的重要宏观经济变量。储蓄率长期下降，对我国经济内部平衡，以及贸易投资和人民币汇率等，都将产生不容忽视的影响。要及早开展前瞻性研究，对变化趋势进行合理判断，并提出有针对性的应对措施。

二、积极扩大消费和促进有效投资

破除体制机制障碍 着力扩大服务消费

——释放内需潜力调研报告之一

苑衍刚 王敏瑶 王汉章 孙慧峰

方广宇 郑真江 邓林

调研发现，教育、医疗、养老、文化、体育等服务消费潜力巨大、供给严重不足，民间投资面临不少“玻璃门”“弹簧门”障碍，亟待加以破除。

一是用地用房难。根据原国土资源部相关政策规定，民间资本投资非营利性教育、医疗卫生、社会福利等设施用地，符合《划拨用地目录》的，可以采取划拨方式供地。但实践中，这些领域专项规划少，与城乡规划、土地利用规划等衔接不够，缺乏用地供给的硬性规划，通过划拨等形式获得建设用地很难，协议出让、租赁也比较少。营利性养老机构比商业开发项目的回报低、产生的税收少，地方政府供地积极性普遍较低。国家允许利用闲置厂房、仓库、老旧商业设施等兴办社会服务机构，但缺乏具体操作办法，用地性质转换成本高、手续十分复杂。另外，对于新建小区配建养老、健身、幼儿园等，缺乏刚性约束，部分开发商并没有按照要求留足设施用地。

二是政策落实难。近年来，为了吸引社会资本进入社会事业领域，各地各部门从市场准入、产业规划、要素保障、财政税收等方面出台了不少“含金量”高的优惠政策，但存在落实不到位问题。部门间对政策理解和把握不平衡，特别是涉及下放自主权、灵活处置资金等方面的政策；有些政策“时冷时热”，导致民间资本难以形成稳定预期；有些政策“看得见摸不着”，申报手续十分繁琐。比如国务院《关于加快发展养老服务业的若干意见》明确，“养老机构用电、用水、用气、用热按居民生活类价格执行”，但各地普遍落实不到位，许多民办营利性养老机构仍按商业类用水用电等价格缴费。某地方电力局规定，只有老年人所住房间的电费可按居民生活类价格执行，养老院走廊和院子里的用电不能享受优惠，后经有关部门督查才退回了多收的电费。

民办机构反映最多的是不公平待遇问题，特别是非营利性机构与公立机构相比，政策优惠差距大。比如，民办学校教师和民办医院医生在职称评审、课题申报、养老保险、子女就学和落户等方面，与公办学校教师和公立医院医生存在较大差距。又如，民办医疗机构难以纳入医保定点，一些地方以定点医疗机构总数接近饱和为由，把民办机构排除在外；一些地方对三级民营医院的报销政策比照二级公立医院执行，总额和标准都比较低。还如，一些地方对公立医院、养老院等按床位给予补助，民办机构要么补助标准低得多、要么完全没有补助。有的省对公立养老院按8万元／床进行补助，而民办的只有1.1万元／床。

三是准入审批难。同经济领域“放管服”改革相比，社会领域“放管服”改革的进展还不够大，前置性条件过于繁琐，甚至提出了一些不必要的要求，让民间资本苦不堪言。比如，一些地方对民办医疗机构的审批设置了“匪夷所思”的条件，要求美容机构必须设立美容牙科、医院门诊楼必须建X光室，民办医疗机构购买医疗检查设备必须经过审批。又如，养老机构办理消防审验难。有机构反映，根据消防规定，建筑面积50平方米以上的房间要开两个疏散门，而养老院一般公摊面积大、得房率低，建筑面积50平方米的房间使用面积只有约24平方米，住一两个老人，完全没有必要开两个疏散门。很多养老机构经过整改后符合消防技术要求，但由于历史遗留等原因，房屋产权证明、建设工程规划许可等前置手续不全，导致无法通过消防验收。据统计，目前全国有1.4万家养老机构未取得设立许可，有的省超过80%的养老机构属于“非法”状态，主要是卡在消防环节通不过验收。

四是融资贷款难。教育、医疗、养老等领域民办机构大多注册为民办非企业单位（以下简称“民非”），不具备资产处分权，根据《物权法》规定，其土地、房屋等不得抵押；有的营利性企业虽然具有资产处分权，但有关单位却以社会事业是公益性事业为由，不予办理抵押登记，民办机构普遍难以获得银行贷款。2015年，国家开发银行和民政部曾联合下发文件，要求开发性金融支持社会养老服务体系建设。但在实际操作中，银行要求地方政府为贷款提供不同形式的担保，导致民办机构很难获得支持。很多民办机构不得不转而求助于民间借贷，利率高达10%—30%。

五是身份选择难。调研中发现，民办机构在申请注册为“民非”还是民企时，往往心态纠结。既希望作为“民非”获得土地划拨、税收减免、财政补贴等方面的优惠政策，又因为“民非”不能分红而心存顾虑。这方面，法律法规前后要求也不一致。

如2003年《民办教育促进法》明确，民办学校出资人可以从办学结余中取得合理回报；但2016年修改后又明确，“非营利性民办学校的举办者不得取得办学收益，学校的办学结余全部用于办学”。目前，一些“民非”希望转为企业，这就涉及资产性质认定和清算问题。早年出台的法律法规并没有对“民非”注销时的资产处置方式作出强制性要求，但2017年施行的《民法总则》规定，“为公益目的成立的非营利法人终止时，不得向出资人、设立人或者会员分配剩余财产”，要求将剩余财产用于公益目的或转给宗旨相同或者相近的法人，而对历史遗留问题没有规定。这就导致很多“民非”不敢转制为营利性企业，怎么“赎身”也不清楚。

六是税收减负难。根据财政部和税务总局的有关通知，“民非”免除企业所得税的收入范围仅限于捐赠收入、政府补助收入、会员会费收入、不征税收入和免税收入产生的银行孳息。对于教育、养老等领域的“民非”而言，床位费、看护费、保育费、学费等主要收入并不免税，而对公立机构都免税。目前非营利性医疗机构的医疗收入已免税，但营利性医疗机构要缴纳25%的所得税，而从国际经验看，一般都对医疗机构实行较低的税率。有机构反映，政策明确从事学历教育的学校收取的学生伙食费免征增值税，但有的地方对幼儿园伙食费征收增值税。另外，“民非”的登记管理单位是民政部门，免税资格认定又在财政和税务部门，相关政策不衔接。比如“组织注销后的剩余财产用于公益性或者非营利性目的”是获得免税资格的重要条件，如违反则需追缴应纳所得税，但在民政部门的注册登记时却没有此类要求。

七是人才建设难。社会事业各领域各行业普遍存在人才储备不足的问题，与公立机构相比，民办机构更是捉襟见肘。一些教育培训机构教师素质参差不齐，大部分都没有教师资格证。学前教育专任教师缺口63.5万人。按照国家规定的老年人口与养老护理员比例要求，我国养老护理员缺口达200多万，目前从事专职护理的多为50岁以上的下岗工人。大多数民办医院往往只能招聘已经退休的老医生或是刚毕业的年轻医生，医务人员年龄断层严重。医师多点执业等政策“叫好不叫座”，由于“五险一金”缴费、医疗管理责任等难以在不同工作单位之间清晰界定，公立医院普遍没有动力允许工作人员在民办机构兼职，医生仍主要选择“走穴”等非正规渠道在民办医院执业。

八是有效监管难。当前民办教育、医疗、养老机构在提供服务中也存在这样那样的问题，这既是民办机构自身发展的问题，也是主管部门重审批轻监管弱服务的反映。随着社会领域新技术新业态新模式的涌现，监管薄弱的“短板”进一步暴露。比如，医养结合项目到底是按医疗机构监管还是养老机构监管，对社区养老、“互联网+养老服务”如何有效监管，体育培训、舞蹈培训、计算机培训是否属于教育类非学历教育培训等等，都存在不同认识。又如，养老等行业用工多为非全日制用工，现行劳动法律法规对其调整较少。“互联网+”催生了雇佣关系灵活化、工作内容碎片化、工作方式弹性化等新就业形态，如何保障劳动者权益，也是亟待解决的问题。

打通堵点强化支持 激发社会力量投资民生服务业的积极性

——释放内需潜力调研报告之二

姜秀谦 孙慧峰 方广宇

鼓励社会力量投资兴办教育、医疗、养老等服务业，既有利于更好保障改善民生，也有利于增消费扩投资，有着巨大发展空间。据测算，到2020年我国教育培训市场规模将突破3万亿元，养老服务消费规模超过1.7万亿元，健康服务业规模达到8万亿元以上。目前社会力量投资民生服务业还面临不少痛点堵点，建议从以下几个方面加大工作力度：

第一，进一步简审批去繁琐。从法规和政策上看，目前教育、医疗、养老等领域已基本对民间资本放开，但在一些方面还需进一步精简优化行政审批，破除各种“玻璃门”“弹簧门”，真正让他们顺畅进入、公平竞争。针对民间资本投资教育、医疗、养老等领域大多采取连锁式经营的特点，改变“一点一证”的做法，可实行“一区一证”或“一企一证”，减轻办证负担。

对养老机构的服务质量，可通过事前制定标准、事中事后强化监管来保证，加快落实取消“养老机构设立许可”。提高设施报建环节审批便利度，有条件的地方可探索建立“绿色通道”，推进规划选址、建设用地、环评审批、节能审查等“一站式审批”。消防审验难是教育、医疗、养老等机构普遍反映的最突出“痛点”，应加快修订《建筑设计防火规范》，充分征求教育、医疗、养老等机构的意见，根据不同规模、不同类型的民生服务业机构，制定既保证安全又切实可行的消防标准。对现存大量未取得消防备案的教育、医疗、养老等机构，应根据实际情况帮助其进行整改，在符合消防安全要求的前提下，为其办理相关手续，解决长期悬而未决的问题。

第二，增加民生服务业用地供给。座谈中大家普遍认为，发展民生服务业是百姓生活的急需，社会效益远大于经济效益，应当优先供地。建议：一是将民生服务业用地统筹纳入城镇土地利用总体规划和年度用地规划，保障其合理用地需求。可调整现行用地分类标准，在商业服务业设施用地大类中，再单列养老机构、养老社区用地小类。对公共管理和公共服务用地确定独立的基准地价，并适当下调教育、医疗卫生、养老等公共服务用地价格。二是探索差别化用地供应政策。对非营利性机构举办民生服务业，符合政策要求的，落实以划拨方式供地；对营利性机构可采用协议出让或租赁等方式。探索实施土地年租等低收益、长周期特点的供地方式。三是支持盘活存量闲置土地和房屋资源。对利用闲置厂房、仓库等举办民生服务业和公共服务的，加快用地性质转换审批，通过拍卖、租赁等方式转为民生服务业用途。在农村集体建设用地和集体产权制度改革中，鼓励利用集体建设用地用房兴办社会服务业。目前，90%以上的老年人都希望在社区居家养老，有关文件明确规定，新建小区要按人均不低于0.1平方米的标准配建养老设施。这是一条刚性要求，应当落实到位。

第三，着力破解融资难题。教育、医疗、养老等服务业投入大、周期长，能否获得持续稳定的资金支持至关重要。建议：一是创新融资服务方式，允许民生服务业项目以未来的现金流或资产收益、政府购买服务协议、知识产权等作为增信，获得银行的授信额度。拓宽信贷抵押担保物范围，允许营利性民办教育、医疗、养老等机构以自有产权的土地、房产或大型设备作为抵押。二是支持符合条件的民生服务企业通过发债、上市等方式融资。三是推动政策性金融机构开发更多适合民生服务业的融资产品，同时政府给予贴息支持。鼓励有条件的地方设立养老产业投资基金。

第四，妥善处理民非转企问题。建议：允许民非单位重新注册为营利性企业，考虑历史因素和事业长远发展需要，对政策修改前设立的民非单位，允许出资人取得一定比例的剩余资产；对于仍然选择登记为民非单位的，也应进一步明确出资人的资产权益。今后，逐步将一些针对非营利性机构的补贴、税收等优惠政策向营利性机构延伸，缩小两种身份的“待遇差距”。

第五，进一步完善税费支持政策。借鉴国际经验，降低教育、医疗、养老等服务企业的所得税率。对餐费收入，免征增值税。允许将家庭的养老服务支出在个人所得税前予以抵扣。调研中我们还发现，近年来使用银行卡支付的比率不断提高，一些医疗、养老机构刷卡费负担较重。湖南某康复医院反映，2017年该院支付的银行卡手续费高达110万元。2016年国家发展改革委、中国人民银行联合印发的《关于完善银行卡刷卡手续费定价机制的通知》，已经明确对非营利性医疗机构、教育机构、社会福利机构、养老及慈善机构，实行发卡行服务费和网络服务费全额减免，但相关营利性机构仍与百货、批发等列入一般事业类，收取0.78%的银行卡交易手续费。建议将营利性的教育、医疗、养老等机构纳入民生类或公益类，降低或者免除银行卡交易手续费。

第六，创新支持和引导民办机构发展的方式。探索公私合作新模式，支持民间资本通过合资、合作、收购、兼并等多种形式，参与公办机构改制，大力发展“公建民营”“民办公助”等模式。鼓励民间资本利用“互联网+”对传统的教育、医疗、养老等行业进行改造提升，促进优质服务资源向偏远地区、基层群众延伸。调研中我们发现，民办口腔、眼科、妇产等专科医院，大都经营得红红火火，而有些民办综合医院运行较为困难。这表明，民办机构错位发展、差异化发展，在公立机构覆盖不到、服务不到位的领域“深耕细作”，更有发展前景。应加强规划引导，鼓励民间资本更多进入特色教育、专科医疗、高端养老等细分领域，办出特色办出水平。

第七，加强和改进对民生服务业的监管。目前，对教育、医疗、养老等服务业的监管还相对欠缺，少数部门只批不管、当“甩手掌柜”，审批发证后就很少去进行实际监管，往往出了问题才疾风骤雨式地处理。同时，许多企业反映，政府对民办和公办的监管也没有“一碗水端平”，个别民办机构出了问题就大肆渲染，而公办机构出了问题则遮遮掩掩。为此，要加强对民办教育、医疗、养老等机构的公平监管、有效监管，推动其提高服务质量。相关政府机构，不论是登记机关、行业主管部门，还是其他相关专业部门，都应担负起监管责任，加大对违法违规行为的惩处力度。当然，对民生服务业涌现出来的新业态、新模式，要实行包容审慎监管，区分不同情况，量身定制监管模式和标准规范。

第八，扩大民生服务业对外开放。民生服务业不仅要让民间资本进入，也要让外资进入。这有利于促进市场竞争，增加高质量服务供给。有的职业教育机构与德国企业合作，引入其先进理念和方法，培训出一批素质较高的人才，学生毕业后根本不愁就业出路。现在不少国内居民到美国去看癌症、到韩国日本去整容，就是因为那里的技术高、服务质量好。养老领域也存在类似问题。建议进一步放宽外资开办专科医院、养老机构、职业学校等的门槛，更好满足群众多样化、差异化、个性化需求。

第九，加大人才培养力度。人才是民办教育、医疗、养老等机构发展的重要支撑，但现在最缺的恰恰是人才。建议：推进教育、医疗、养老等相关职业和技能培训体系建设，大力推动产教融合、校企合作。加大力度培养老年医学、康复、护理、营养、心理、康复辅具配置等方面的专业人才，对短缺人才实行订单式培养。对民办机构人才在职称评定、社会保障、科研项目申请等方面，实行与国有机构同等的政策，拓展相关专业人员职业发展空间。盘活用好现有人才，落实医师多点执业等政策。

在改革创新中拓展文化体育消费空间

——释放内需潜力调研报告之三

王汉章　吴旭　陈黎明　李逸浩

文化、体育消费属于发展享受型消费，是较高层次的需求。研究表明，当一个国家人均国内生产总值达到5000美元，文化体育消费会呈现“井喷式”增长。近年来，我国文体消费发展迅猛，年均增长都在两位数。目前文化产业增加值占GDP比重达到4.29%，体育产业达到0.9%，对人民生活水平提高、经济发展都起到了重要作用。同时，我国文体产业发展还有很大空间，也面临不少束缚，需要破除体制障碍，加快创新步伐，推动其更快更好发展。

一、着力培育文体产业市场主体

现阶段我国文体消费发展迅速，但作为市场主体的企业发展却相对滞后。在发达国家，文艺院团大都是企业主体，而我国的文艺院团大多是属于财政供养的事业单位，普遍存在演艺服务不符合群众需求、市场萎缩、经济状况欠佳等问题。一些广电、报业、出版、网络等集团，名为文化企业，实际上仍是部门的下属机构，计划观念没有完全转变，过多强调政府的投入，忽略了对市场的培育。有的地方政府为了发展文体产业，甚至通过财政补贴让市民看电影、看演出。座谈会上，一些民营企业家说，文体产业发展不仅仅是资金问题，更重要的是产业主体竞争力的培育问题，希望政府为各类文体企业发展创造良好的营商环境。一位搞文创的企业家就说：市场越激烈，我们越兴奋，发展文体产业，必须依靠市场的力量。

建议：进一步转变政府职能，深化文化、体育等领域的体制机制改革，借鉴我国家电、汽车、金融保险等领域建设市场主体的经验，加快推动国有文体企业现代企业制度建设，充分挖掘国有企业优势资源，培育骨干企业；同时支持社会资本进入政策允许的文体产业，参与国有文体企业股份制改造，发展壮大文体产业市场主体。

二、加快破除文体产业发展中的制度和政策障碍

当前，文体产业发展还面临很多制度制约。一是准入多、审批长。有文化企业反映，在国有企业引入社会资本过程中，审批流程过长且混改政策不具体无法操作，合作往往一拖再拖最后无法实施；民营文化企业政策集成度不高，分散在多个部门，企业无所适从。有体育企业反映，组织一场马拉松长跑涉及数十个行政部门审批及资源协调，审批流程长、费用高，现场经常出现“观众没有安保人员多”的情景。二是监管缺失、执法薄弱。随着消费不断升级，出现了很多新业态新模式，但行业规范、监管缺位等影响了产业发展。比如，近年来兴起的帆船运动，就存在监管不力的问题，导致行业无序、船只违规驾驶等，市场投诉不

断。三是企业运行成本高。在融资方面，很多企业反映，文体企业的核心竞争力往往是知识产权、产品创意、品牌等无形资产，缺乏固定资产等抵押物，融资难融资贵的问题较其他行业更为突出。在场地方面，主要是拿地租地成本高。有企业反映，城市中存在大量闲置厂房、仓库、老旧商业设施等，但受政策法规限制无法使用。在税收方面，文体企业可抵扣项较少，增值税实际税负较重。在用能方面，水、电、气、热等与其他工商业基本同价，没有因为文体类企业具有社会效益而有特殊优惠。四是政策落地难。企业普遍反映，近年来各级政府在文体产业方面出台了多个政策文件，会议在讲、文件在写、媒体在登，但由于政策普遍过于原则，难以有效执行。比如，文件规定新建居住区和社区要按标准规范配套建设群众健身设施，但这项政策大多地方都没有落实。

建议：降低文体产业准入门槛，进一步拓宽社会资本进入文化、体育产业链的范围。系统梳理企业市场准入的痛点难点，有效减少审批。健全文体产业发展的行业标准，加大监管和执法力度，维护市场秩序，防止劣币驱逐良币。鼓励金融机构开发适合文体行业的小额信贷、信托、保险等金融产品，满足企业融资需求。落实和完善税收、用地、用能等产业支持政策。

三、大力推进产品创新

文体消费往往存在“喜新厌旧”的特点，必须不断创新才能满足群众需要。大家普遍反映，当前文化产品创新不足，不对群众“胃口”。一些内容老旧、制作粗糙、缺乏创意的低端供给充斥文化市场，“供给不足”和“库存积压”并存。以影视产业为例，2016年全国共拍摄完成并获准发行的电视剧共334部，近1.5

万集，由于缺乏创意，其中不乏大量“神剧”“雷剧”，这些产品不仅浪费了资源，还抑制了群众消费意愿。文体产品同质化问题也比较突出，同业间恶性竞争，严重破坏产业生态。比如，健身产业，市场很大，不少企业大多通过低价竞争获取客户，在服务上投入较少，有的甚至是“一锤子”买卖，客户满意度不高，续卡率只有15%，同时也导致行业企业亏损率居高不下，盈利的只有20%左右。一些民营企业说，再这样下去，现在是行业的“春天”，不久就会变成企业的“严冬”。再就是缺乏大众广泛参与的知名品牌。座谈会上不少同志说，国际上不管是搞体育活动，还是文化娱乐，都广泛动员人们参加。比如，巴西的狂欢节、德国的啤酒节等，都非常注重吸纳全球各地游客参与，而且注重品牌的培育。我国的一些大型文体活动，行政色彩浓且缺乏延续性，很难培育出具有历史文化积淀的大品牌。

文体产业的发展关键在创新。美国好莱坞的电影业就是以不断创新著称，新创意、新科技层出不穷，产业规模也十分庞大。目前，我国也有不少文体创新产品受到热捧。比如，有企业打造家庭健身休闲一体化场馆，全家人都能在场馆内满足不同需求，有效消除了体育锻炼和家庭活动的割裂；有创业企业利用“互联网+”深度开发广场舞市场，提供网络教学、组织线下汇演等，都很受市场欢迎，企业自身也得以较快发展。

建议：梳理各地具有民族特色的文化活动，列出清单，加大政府支持力度，培育一批具有影响力的文化品牌。鼓励企业运用新技术、新的传播方式，创新文体生产方式和消费形式，培育新的文体业态。推动文化、体育与旅游、科技、金融、健康、养老、制造业等共融共生，提高文体产品供给质量，更好满足群众多样化文体需求。

四、盘活闲置的文体公共资源

由于历史原因，我国文体产业的绝大多数资源都集中在体制内的行政事业单位和国有企业，使用效率较低。有调查显示，全国公有的体育场馆整体开放率只有65.8%。各类学校的健身体育场馆向社会开放率更低，特别是中小学校，周末和寒暑假基本处于闲置状态。文化场馆同样面临这样的问题。有同志就讲，一边是政府投入建设的公共文化服务场馆数量逐年增加、“成绩单”亮眼，一边却是“工人文化馆里无工人，少年宫里缺少年”、门可罗雀。出现这些现象，根本原因是体制问题。这些单位都属于公益一类事业单位，虽然设施设备比较先进，但吃的是“财政饭”，端的是“铁饭碗”，干多干少一个样，多一事不如少一事，缺乏开展经营活动的动力。有同志说，这些资产是国有的，不经营没有问题，一旦向社会开放，出了问题还得自己扛。有的地方甚至直接规定，禁止向社会开放。

事实上，一些对外开放的文体单位取得了很好的效果，既满足了公众消费需求，也增加了机构的收入，管理人员的待遇也得到了改善，实现了多赢的局面。比如，北京工人体育场对社会开放后，足球比赛、文艺演出等都举办得有声有色；故宫开设微店出售一些文创产品，十分受市场欢迎。

建议：加快研究公共文体资源向社会开放使用的具体政策措施，推动场馆资源所有权、经营权分离改革，细化明确分配收益权，让各种公共资源“活”起来。

五、加大文体产业人才培养力度

发展高品质的文体产业，必须有高水平的人才。专业人才、创意人才、具有品牌效应的明星人才，是企业的根本所在。这些年我国文体产业发展很快，但人才缺口非常大。比如，福建省调查显示，一些体育经营机构从业人员中，具有专业管理资质或专业执教资质比例的只有3%。此外，人才的供给和需求还存在结构性矛盾。有企业反映，企业里专业人才不擅长经营管理、管理层又缺乏专业知识，导致企业发展缓慢；现在文体事业单位集聚了一大批文化、体育方面的专业人才，一些博物馆、文化馆中的研究人员等都是行业翘楚，但受制于“单位人”的限制，走不出来。

建议：引导高校、职业学校增设文体类专业，扩大招生规模。鼓励文体类事业单位自主培养人才。支持公益事业单位人才兼职兼薪、多点执业、离岗创业，鼓励文化大家投身文体产业。

培育社会民生领域交叉融合产业
打造新的消费和经济增长点

——释放内需潜力调研报告之四

苑衍刚　王敏瑶

当前，以“互联网+社会民生”为代表，纵贯上下游、横穿各领域的交叉融合产业异军突起，不仅满足了群众多层次、多样化、个性化需求，还成为新的经济增长点。建议采取针对性措施，加快培育壮大这类交叉融合产业。

一、交叉融合产业呈现创新驱动、需求拉动的显著特点

随着经济社会的不断发展、群众收入水平的稳步提升，社会民生领域的消费潜力不断释放，特别是复合式需求显著增加，催生出一批社会民生领域的交叉融合产业，呈现以下特点：

一是“基本”与“非基本”相得益彰。近些年来，政府在社会民生领域着力“保基本”，社会力量发展非基本服务，都有了长足进展。同时，一些交叉融合型企业既发展民生事业又发展民生产业，促进了基本和非基本之间的互促共进，实现了量的增加

和质的提升。

二是互联网、大数据、人工智能等新技术形成有力支撑。我国社会民生领域普遍存在资源总量不足、优质资源短缺、配置不平衡等问题，同时交叉融合产业面对的群众需求更加复杂多样，发展这些产业必须解决好资源高效配置、供需有效匹配等问题。互联网、大数据、云计算、人工智能等手段，为这些问题提供了技术解决方案，可以对供需双方的海量数据作出汇总分析，对服务资源从网上进行及时远程配送，并对需求实时反馈和对供给即时调整，从而为社会民生领域产业交叉融合发展提供了有效支撑。

三是以平台模式为代表的新商业模式蓬勃发展。社会民生领域的交叉融合产业，需要兼顾众多群体的不同需求、基本与非基本服务的不同要求、多个产业的不同发展特征等，这就需要有与之相适应的发展模式。用平台模式发展这些产业，就如同给各主体各行业装上了“插件接口”，可以共享客户资源，实现专业化分工和社会化协作，因而具有非常旺盛的活力和生命力。

四是以资源共享促进成本降低和效率提升。教育培训、文化、健康等社会民生领域的不少产业都具有知识密集的特点。交叉融合产业促进了智力资源共享，最大限度地利用知识的外溢效应，提高产业整体创新和生产能力。同时，在挖掘潜在客户、培养消费习惯、开展精准营销等方面，也可以整合资源、节约成本，发挥集群效应。

二、培育交叉融合产业应聚焦重点行业和关键环节

社会民生领域的产业交叉融合，既包括同一领域内一二三产业的相互贯通，又包括不同行业间的跨界融合；既包括同时提供

多种服务的单一企业，也包括以产业园、众创空间等形式带动的产业集聚。当前宜从以下几个方面加大培育力度：

一是智慧养老产业。在传统养老服务的基础上，通过与医疗服务、制造业、旅游业、教育培训等的交叉融合，带动医养结合、老年用品、养老度假、老年教育等产业发展。在融合方式上，注重以智能化为核心、以平台化为路径，汇集老年人的基本信息、基本需求，同时整合周边地区的专业机构、社会组织、志愿者等服务资源，并与医疗卫生服务站点互联互通，在健康管理、医疗护理、精神慰藉、日常照护、爱好培训、旅游休闲等方面提供精准化服务。据有关部门测算，智慧养老产业中最核心的智慧健康养老产业，预计2020年将达到5万亿元，如果与旅游、教育等进一步融合，发展空间将更为广阔。

二是智慧医疗产业。主要是利用智能化手段，将健康管理、疾病诊疗、康复等健康服务业的上下游贯通起来，并带动智能手环等可穿戴设备、手术机器人等治疗设备的研发生产。产业做大做强的关键在于合理配置人力和智能资源，提供覆盖全生命周期的个性化服务。产业发展的基础是健康信息的互联互通。目前我国还处于硬件建设阶段，2016年硬件建设占智慧医疗产业规模的比重在2/3左右，预计2020年超过1000亿元；这之后软件和服务市场将迅速拓展，形成更大的产业规模。

三是智慧家政产业。这是伴随着家政服务内涵逐步扩大而兴起的交叉融合产业，既有保洁、烹饪、维修等传统家政服务，又有健康管理、长期照护等服务，还可延伸到家居和养老新产品的生产、销售、租赁等领域。在实现形式上，可着力推进线上线下结合的O2O模式，在线上完成供需匹配，在线下实现服务送达。据中国家庭服务业协会调查，我国城镇1.9亿户家庭中约有15%需要家政服务，家政行业市场规模已超过万亿元且增长迅速，然而O2O市场占有率比较低，未来有很大潜力可挖。

四是文化创意产业。不仅包括创意内容的发掘，还包括设计制作和推广营销，这就需要与相关产业深度融合。比如与传统设计制造业的融合，可提高新闻出版、广播影视、工艺美术、休闲娱乐等的品质；与制造业、现代服务业的渗透，可壮大工业设计、游戏制作、平面设计、动漫制作、广告制作等产业；与旅游业的融合，可促进会展服务、文化体验、主题乐园等产业发展。文化创意产业不仅自身可以成长为支柱性产业，还可以提升“中国制造”“中国服务”等的品牌价值，推动制造业、服务业等的转型升级。

五是体育休闲产业。目前，体育健身和户外运动已成为我国体育休闲产业的核心，这两个产业都有较强的关联辐射力，能够带动体育场馆经营、信息传播、用品制造、竞赛表演、运动培训等产业更大发展。现在，一些地区尝试打造体育休闲产业园，不仅促进了体育相关产业的集聚，还针对不同需求，发展了养生保健、主题餐饮、运动康复等产业，这是体育休闲产业跨界融合的有益尝试。

三、精准施策，推动交叉融合产业健康发展

总体而言，我国社会民生领域的产业发展还处于初级阶段，缺乏知名品牌和龙头企业，产业带动力不强。交叉融合产业更是处于兴起阶段，需要产业政策的引导特别是扶持政策的支持，在土地、投融资、税收等方面给予相应倾斜，推动其实现高质量发展。建议重点做好以下几方面工作：

一是坚持包容审慎，鼓励大胆探索。当前，培育壮大社会民

生领域的交叉融合产业还是一个新课题，“哪些产业交叉”“如何实现融合”等都存在无限可能。应本着鼓励创新的态度迎接这些新产业新模式新业态，宏观层面上把握好发展大方向，量身定制合理的监管方式，鼓励多元共治，发挥好平台企业对服务提供者的监管作用，打造企业、行业组织、社会各界广泛参与的治理格局。

二是创新融资方式，加大支持力度。社会民生领域的大多数企业都是轻资产运营，同时回报周期普遍较长。应适应这些特点，着力创新产业发展与资本市场对接的方式和渠道，发展多种形式的产业投资基金、创投基金、风投基金等。积极探索知识产权质押、收益权质押等，拓展间接融资空间。

三是适应行业特点，完善标准规范。主要是建立健全供需对接、“插件接口”等技术规范和网上信用体系，以利于资源匹配和服务规范化。教育、医疗、养老涉及群众切身利益，服务提供和消费之间信息不对称性强，有必要严格资质认证和底线标准。在标准和规范制定过程中，应充分发挥行业协会等组织的作用，使之更科学、更合理。

四是加强教育培训，培养跨界人才。目前发展社会民生产业所需的人才总体比较缺乏，具备多个领域专业知识、又懂经营会管理的跨界人才更是匮乏。应聚焦产业需求，在职业院校和高校中布局交叉学科专业，加大产教融合、校企合作力度，鼓励行业龙头企业参与人才培养。支持企业以更加开放包容的心态广纳英才，在实践中培养复合型人才。

五是健全激励机制，激发技术和商业模式创新。从全球范围看，“互联网+社会民生”都属于新兴产业，在核心技术、组织模式、标准体系等方面，存在大量空白点，谁掌握了创新主动权，谁就可以引领产业发展。应完善激励创新的政策体系，落实好研发费用加计扣除等政策，鼓励科研人员兼职兼薪。加强科技中介服务组织建设，在产业园区发展技术转移、成果孵化、创业服务等中介机构，加快科技成果转化步伐。

激发养老服务新需求

——释放内需潜力调研报告之五

李坤　孙慧峰　王存宝

我国已进入老龄社会，养老服务需求巨大。2017年全国60岁以上老年人口已超过2.4亿，占总人口比例达到17.3%；预计到2020年，60岁以上老年人口将增加到2.55亿，占总人口比重提升到17.8%；到2050年老年人口将达到4.8亿，我国将进入深度老龄化阶段。在这一过程中，我国老年人口数量将始终居于世界第一位。适应形势的需要，必须加快扩大和创新养老供给，既满足不断增加的养老需求，又为经济社会发展注入新动力。

一、开拓居家养老上门服务

调查显示，居家养老是老年人的首选方式，占比高达90%以上，而上门服务则是居家养老最为迫切的需求。据第四次中国城乡老年人生活状况抽样调查，城镇老人居家养老第一位的需求是上门看病和养老护理，占39.2%，第二位是上门做家务，占13.5%；农村老人对上门看病和养老护理的服务需求甚至高达

60.6%。据测算，仅城市居家养老及家政服务潜在市场规模就超过5000亿元，可带动2600多万个就业岗位。但是，目前城乡社区上门服务的内容总体还比较单一，医疗护理、心理慰藉等专业服务十分匮乏；一些居家服务机构和社会组织想在社区布点，却很难找到合适的场所；一些服务产品的价格定位，与老年人长期形成的勤俭习惯不相适应。服务主体少、服务单一、服务质量跟不上，就难以激发出老年人的消费潜力。据调查，即使是北京这样的大城市，使用上门服务的老年人占比也不到两成。

建议：一是加大对居家养老上门服务的政策支持力度。鼓励地方继续开展电子助老卡、助老券等补贴项目，并根据实际扩大服务覆盖范围，带动老年人自觉将上门服务“引进门”。二是强化社区和养老机构作为居家养老服务的“支点”作用。依托养老机构、社区服务站点、医养结合机构等，为老年人就近提供上门服务。加强服务网点布局的规划，不仅保障网点有“立足之地”，还能使其逐步发展壮大，成为上门服务的资源输出中心。三是丰富上门服务内容、提高服务质量，加快从服务机构“端菜”向老年人“点菜”转变。

二、促进医养结合服务更加普及便利

我国约七成老年人处于“带病生存”状态，医养结合服务是老年人的普遍需求。实践表明，凡是医养结合搞得好的养老服务机构，都很受老年人欢迎。目前，全国只有23.6%的养老机构内设医院、医务室、护理站等医疗设施，尚有8万多个养老机构缺少为老年人提供医疗服务的能力；已有的5000多家医养结合机构，纳入医保定点范围的不到40%。调研中企业反映，医养结合的审批监管政出多门，申请医保资质周期长。即使纳入医保，由于医保额度限制等原因，常常缺医少药，老年人不得不定期去大医院看病开药。社区卫生服务机构也存在投入不足、积极性不高等问题。

推进医养结合，关键是建立养老服务和医疗资源的有效配套衔接机制。建议：尽快放开对养老机构内设医疗诊所审批的限制，加快实施备案制。以政府投入为引导，拉动民间资本作为主力，鼓励更多社会力量和有资质的医生开办医养结合机构，加快新（改、扩）建一批医养结合设施，明确新建养老机构必须同步规划建设医疗服务设施。加强社区医疗服务机构建设，通过扩大医疗服务就近供给，更好满足社区和居家养老的老年人医疗服务需求。

三、大力发展养老护理服务业

护理是养老服务的“灵魂”。我国有4000多万失能和半失能老年人，80岁以上高龄老人2400万，对养老护理服务的需求十分强烈。养老护理能够有效改善老年人生活质量，大幅降低老年人残疾发生率，同时还能带动与老年人相关的健康及服务业发展。但是，我国现有养老机构大部分缺乏护理功能，护理型床位数占比只有23%。专业护理人员只有约30万人，持职业资格证的不足3.8万人，远不能满足服务需求。调研中了解到，北京等大城市的部分民办养老护理机构，承担了一批重症失能老人的服务，但苦于城市社区房租及人员成本过高，持续亏损、难以为继；一些地方的民营项目一次性投入巨大，资金回收周期长，增加了经营风险。

我国养老护理服务业尚处于“慢热”状态，有必要加大扶持、整合资源，促进其发展壮大。一是健全养老护理服务体系。在规划、财力等方面，加大对养老护理服务机构和设施建设支持力度。在政府购买养老服务中，把购买养老护理服务作为一个重点。二是建立多渠道资金筹集机制。借鉴发达国家经验，在继续推进以医保为依托的长期护理保险试点的同时，加快探索长期护理商业保险。三是加快培养结构合理的多层次养老护理人员队伍。坚持实用导向，优先培养面向医养机构、养老机构的专业护理人员；坚持公办民办并举，加强中高等养老护理职业教育，快速扩大养老护理队伍规模。

四、系统实施适老化改造工程

我国约80%的城镇住宅为7层以下，没有电梯和坡道等设施，老年人上下楼极为不便，不少成为“室内老人”，这部分群体对适老化改造的愿望十分强烈。据测算，全国为老旧住宅加装电梯和无障碍坡道可带动投资约4.5万亿元，加上室内、社区及出行交通方面的无障碍设施改造，投资潜力惊人。

建议抓住这个热点需求，系统实施适老化无障碍改造。一是集中解决“出不去”的问题。根据老年人房屋产权性质，采取政府补助、业主分摊等多方筹集资金的方式，加快推进老旧住宅加装电梯。二是延伸解决“走不远”的问题。加大适老惠残的无障碍电梯、无障碍厕所、无障碍停车位、盲道等配套设施的建设及运行维护力度，推进城市公共交通、机场旅客航站区、客运列车船舶等无障碍体系建设和改造。三是反向解决“住不安”的问题。加强对老年人家庭室内通道、居室、厨房、卫生间等生活场所的适老化改造，在通行、洗澡、如厕、休息等日常生活中为老年人提供便利，减少意外伤害发生。同时，引导老年人对室内设施进行经济实用的助老改造，积极配备远程监控、呼叫、健康数据监测等信息化设备，提升老年人生活质量和健康管理水平。

五、鼓励养老领域创新服务模式

“互联网+”在解决养老服务供需不平衡、不匹配、不对接等方面具有独特优势。从地方实践看，“互联网+养老”作为新兴事物，也面临一些共性问题。比如，老年人参与度不高；一些“互联网+养老”平台线上强，线下服务能力弱；现有的“互联网+养老”机构，大多依靠政府补助保障运行，社会效益较好，但经济效益欠佳。某养老服务平台企业反映，平台上有1.5万名老人的基础数据，但活跃老人仅有25%。调查发现，老年人不是不需要服务，而是对“互联网+”的认识了解不够，对服务的支付能力不足。

我们认为，“互联网+养老”新模式，是未来养老服务的一个重要方向。建议：政府给予一定政策扶持，培育若干类似“京东”“淘宝”的平台企业，打造更多“无围墙的养老院”。在这一过程中，注重整合养老服务信息资源，使平台兼具“服务+监管+指挥调度”“医、养、康、护”一体的综合功能。同时，培养更多专业人员，在线下为老年人提供健康咨询、服务信息获取、智能设备使用等服务。

六、促进养老辅具产业加快发展

据测算，我国老年人、残疾人等群体仅基本型辅具的需求每年就达6亿件、价值上万亿元，称得上是“小辅具大产业”。但是，目前我国辅具产业发展十分落后，产业规模仅在千亿元左右，而且创新能力不强。建议：加大对国外先进技术的引进吸收，突破核心技术，实现一批高端产品的国产化，培育一批辅具品牌企业。推动辅具产业生产、管理及服务标准与国际标准对接，增强我国辅具产品质量和产业竞争力。

聚焦改善五个“不平衡”进一步释放旅游需求潜力

——释放内需潜力调研报告之六

王晓丹　姜秀谦

近年来，随着我国居民收入稳步增长，旅游消费保持了快速发展势头，日益成为居民生活的“刚需”。从2012年到2017年，国内旅游人数年均增长11%，达到50亿人次；旅游总收入年均增长15.8%，达到5.4万亿元。旅游最终消费占同期居民最终消费的比重超过14%，旅游业对国民经济的综合贡献率超过11%。尽管如此，我国旅游业消费与发达国家相比还存在较大差距，如2017年我国人均出游3.7次，发达国家多在7次左右。因此，进一步扩大我国旅游消费和投资仍有很大空间。当前，我国旅游消费存在着几个突出的“不平衡”，应以此为突破口，进一步释放旅游需求的巨大潜力。

一、旅游目的地节假日接待能力不足和平日接待能力闲置的不平衡

现在不少旅游目的地在节假日特别是国庆、春节黄金周，往往人满为患、道路拥堵、价格翻倍；平日却门可罗雀，设施、人员大量闲置。据统计，29天的公共假期占全年天数不到8%，游客量却占全年国内旅游接待人次的约32%，旅游收入占全年旅游收入的约40%。过度集中的出游，不仅给当地交通、食宿、生态环境带来巨大压力，降低了旅游体验，使不少居民放弃出游或转向出境游，也使旅游企业效益难以保证，投资积极性受挫。导致这种现象的主要原因是公共节假日总量较少，而能有效调节出游峰谷的带薪休假制度也普遍没有落实。调查显示，我国带薪休假制度落实率仅为5成，实际利用带薪假出游的职工仅有30%，而愿意通过带薪假出行的比例高达80%。近年来，休假不足的情况还呈加剧趋势，企业以薪代假增多，2017年我国城乡居民平均休闲时间分别为1407小时和1441小时，比2012年减少了20.7%和18.4%，而OECD国家平均为1892小时。

建议全面落实带薪休假制度。在党政机关和企事业单位实施强制性休假安排，形成示范效应。赋予各省区市更多假日安排自主权，根据地域特点和具体情况在法定假日实行错峰休假。引导全社会树立依法休假观念，实现2020年之前全面落实带薪休假制度的既定目标。

二、简单观光产品总量较大和深度旅游产品供给不足的不平衡

有专家指出，外国游客来华旅游存在两个“二八现象”，

即休闲度假与景点观光、重游与首次来华的比例都是2：8。国内旅游除门票外的各种二次消费也比较少，旅游购物收入占旅游总收入的比例一直在30%以下，与旅游发达国家40%—60%的水平存在较大差距。出现这些现象，主要是因为旅游产品仍是以对自然风光、历史名胜的初级开发为主，深度开发不够，难以适应旅游消费向个性化、品质化升级的趋势。旅游产品创新升级缓慢，很大程度上是制度性、政策性障碍造成的。一方面，虽然社会资本进入旅游业总体上限制较少，但由于国有企事业单位垄断了大量优质资源，社会资本参与开发建设的机制安排又不清晰，往往出现项目选择同质化、资源开发粗放、运营效率不高、创新激励不足等问题。比如不少文创企业希望联合文物单位开发特色旅游产品，但这些单位往往缺乏积极性。另一方面，有的地方对旅游新业态新产品管理手段滞后，有时甚至一下子管死。比如看到旅游民宿中有不规范现象，一些地方公安执法部门就将其等同于黑旅馆、群租房，对民宿房东进行“一刀切”式的查处、罚款和拘留，使一些有意愿的投资者望而却步。

建议完善旅游产品市场化开发机制。深化旅游业“放管服”改革，支持建设一批旅游产品公共开发平台，开放文物、景区等资源供民营企业和个人进行市场化开发利用，做好品牌授权、特许经营、知识产权保护等相关工作，加快推出一批具有影响力和竞争力的旅游产品。充分发挥旅游产业基金的引导作用，支持各类市场主体进行旅游业与其他产业的融合开发，助推文化旅游、体育旅游、会展旅游、医疗旅游、生态旅游、工业旅游、研学旅游等旅游新形态发展。联合企业、行业协会等力量，加快制定涉及旅游新业态、新模式的行业标准，培育和引导各类新业态健康发展。

三、旅游服务价格较高与服务水平偏低的不平衡

不少游客反映，国内旅游价格这些年居高不下。最突出的问题是门票贵，全国5A级景区中，47%的门票价格超过100元，有的甚至高达三四百元。100元一张的门票，占2017年城镇居民月均可支配收入的3.3%、消费支出的6.6%，占农村居民月均可支配收入的10%、消费支出的12.1%；而国外著名景点的门票多在中等收入群体月收入的1%以下。还有一些景区的索道、观光车、餐饮店等实行独家经营，也成为暴利项目。然而，很多景区的软硬件条件和接待水平却与高价格不相匹配，特别是公共道路、服务配套、咨询导引、无障碍设施等存在明显短板，游客乘车难、停车难、吃饭难、如厕难等非常普遍，成了“花钱买罪受”。世界经济论坛发布的《2017年旅游业竞争力报告》显示，中国的“自然资源”和“文化资源”指标在136个国家和地区中分别位列第5和第1，而“旅游服务设施”指标则排在第92位。

建议推进旅游业合理定价和设施服务提升。尽快落实国有重点景区门票降价政策，认真核定相关成本，消除景区服务垄断，大幅降低不合理价格与收费。对有条件的公共资源型景区实现免费开放，既让群众享受实惠，也倒逼旅游产品深度开发。改造提升一批群众急需的旅游基础设施，特别是重点旅游目的地直飞航线和高铁骨干网络、城际交通联络线和自驾游设施、景区适老和母婴等无障碍设施、全覆盖无线网络等。

四、旅游市场秩序问题高发与旅游监管力量薄弱的不平衡

有些景区不合理低价游、恶性竞争、强迫购物、欺客宰客等违法违规现象频繁发生，群众对此深恶痛绝，成为影响旅游消费的最突出因素。不少旅游目的地把旅游接待视为“一锤子买

卖”，忽视游客体验和权益保护，游客经常投诉无门、忍气吞声。面对各种乱象，现有监管体系却表现出明显的不适应。一方面，很多游客反映的违法违规问题，如制售假货、价格纠纷、食品安全、消防隐患等，不完全属于旅游部门的监管职责，旅游部门也没有相应的执法力量。另一方面，虽然建立了“1+3+N”等综合监管机制，但往往只在开展集中整治或出现严重问题时才启动，日常监管经常缺位，处罚也较轻，难以起到震慑作用。在大众传媒时代，一次失败旅游经历的负面影响会很快放大，对当地旅游消费造成巨大冲击。这还会导致劣币驱逐良币，造成恶性循环。比如由于不合理低价游甚至零负团费产品充斥市场，很多正规旅行社被迫停止了中低档旅游产品的投放。

建议构建更加有效的游客权益保护和旅游市场监管机制。把游客权益保护放在更突出位置，推动建立游客便利投诉机制、投诉快速响应机制、优质旅游目的地和旅游企业认证机制、旅游强制保险和优先赔偿机制，努力营造省心、放心、舒心的旅游环境。强化旅游市场常态化监管，对旅游景区、旅行社、餐饮住宿经营者等实行信用评价公示，进一步完善守信激励、失信惩戒的信用监管体系。强化执法部门统筹协调和联合执法，对违法违规企业和个人实施市场禁入，全面规范旅游市场秩序。

五、出境游快速增长与入境游增长乏力的不平衡

据有关部门统计，近五年入境旅游人次年均仅增长1%，2017年只增长0.8%；2018年上半年同比下降1%左右，而出境旅游同比增长11%左右。更有专家预测，2018年可能出现入境游人数少于出境游人数的“旅游逆差”现象。出入境游发展的不同形势，反映了我国作为旅游目的地，近年来相对其他国家特别是东南亚国

家，竞争力有所下降。比如，很多国外游客反映来华办理签证较繁杂，在一些欧洲国家，来华签证相关费用高达200多欧元。还有些城市为飞国外的航线提供专门补贴，使这些航线机票价格有时比国内航线低不少，抬高了国内游的相对成本。

建议实行出入境旅游消费引导措施。在出境游方面，目前有62%的中国游客出国是在免税店购物，可重点引导这部分消费回流。建议在已批准的北京、上海等五城市试点基础上，进一步扩大市内免税店建设范围，同时参照别国经验，把销售对象扩展至即将离境的中国居民。另外，由于市内免税店不受口岸场地等条件限制，可规定其拿出一定店面比例销售本国中高档商品，助推中国品牌走向世界。在入境游方面，考虑到目前很多国家都将优化签证甚至免签证作为重要的旅游竞争手段，建议继续扩大72小时和144小时过境免签政策，并在条件成熟的城市突破现行免签政策中的“单点进出”规定，充分利用我国发达的高铁等快速交通网络，形成多样化、深度化过境旅游产品组合，最大限度发挥过境免签政策效用。同时，积极推动电子签证、多次往返签证等便利化服务，进一步降低来华签证费用，提高国际旅游竞争力。

突出重点扩大农村投资和消费需求

——释放内需潜力调研报告之七

刘军民

我国13.9亿人口中有5.76亿居住在农村，但由于城乡发展不平衡，内需释放很不充分。扩大有效需求，农村潜力和后劲十分巨大，面临的困难和挑战也很多。建议结合实施乡村振兴战略，抓住农村投资消费的重点领域，以改革创新为动力，将农村潜在需求更多更快地转化为现实需求。

一、加快补齐农村基础设施短板

由于历史欠账多，农村基础设施总体仍然薄弱，全面建成小康社会必须加快补上这块短板。关键是做好“钱往哪里投，钱从哪里来，如何花出效”的文章。

投资方向上瞄准群众生产生活的突出短板。这些年我国农村交通条件有了很大改善，但道路等级低、通行能力弱、与外界连通性差等问题仍较突出，要大力推进“四好农村路”建设，加快通村组硬化路建设，打通乡村“断头路”。我国农业用水方式粗放，灌溉水的利用系数只有0.53，远低于发达国家0.8左右的水平，要加强末级渠系等小型农田水利和节水设施建设，打通农田水利“最后一公里”。综合采取改造、配套、升级、联网等方式，提高农村集中供水率、水质达标率，巩固提升饮水安全保障水平。目前全国还有42万个行政村没有污水处理设施、18.4万个行政村垃圾得不到处理，要实施好农村人居环境整治三年行动，落实和完善“以奖促治”政策，梯次推进农村生活垃圾处理、生活污水处理、村容村貌综合整治。加快新一轮农村电网改造升级，基本实现农村地区稳定可靠供电全覆盖。大力实施数字乡村战略，加快农村信息基础设施建设和宽带普及，加快农村地区宽带网络和4G网络覆盖步伐。

资金来源上重在创新机制。农村基础设施具有很强的公益性，各级政府应强化投入主体责任，把农业农村作为预算内固定资产投资安排的重点，优先保障财政投入，确保力度不断增强、总量持续增加。除一般预算投入外，还应统筹其他预算渠道。2018年中央一号文件提出，建立健全高标准农田建设等新增耕地指标和城乡建设用地增减挂钩节余指标跨省域调剂机制，将所得收益通过支出预算全部用于农村建设。这是拓宽农村建设资金的一个新渠道，应用好用到位。2017年全国土地出让收入5.46万亿元，但只有3743亿元用于农业农村，其中用于农村基础设施建设的支出仅1041亿元，占比不到2%。建议调整土地出让收入使用结构，提高从土地出让收益中计提农田水利建设资金的比例，并将使用范围扩大到农村人居环境整治、中低产田改造等项目，并加大区县两级土地出让金返还乡镇的力度。同时，调动多方投入积极性，完善村级公益事业“一事一议”机制，通过财政奖补机制，调动农民参与农村公共设施建设和管护的积极性。按照“共建共享”理念，鼓励村级组织筹资筹劳、农民投工投劳开展乡村公共设施建设。现在很多从农村出来的成功人士，都有反哺家乡、回报家乡的热情和愿望，应打好“乡情牌”，搭平台、建渠道，鼓励支持他们出资捐物，助力农村建设和事业发展。

资金使用上着力提高投资绩效。这些年，国家投入到农业农村上的项目和资金不少，但部门各管一摊、九龙治水的情况普遍，一些资金撒胡椒面，影响了投资绩效。建议深入推进涉农资金统筹整合，加快改变支农项目“碎片化”状况。支持基层政府以规划为依据，因地制宜整合不同渠道下达但建设内容相近的资金，更好发挥资金合力。有条件的地区可将农村基础设施与产业、园区、乡村旅游等项目统筹实施，进行一体化开发和建设，实现相互促进、互利共赢。

二、引导工商资本下乡投资兴业

长期以来，资本、劳动力等生产要素主要由农村流入城市，造成农村“失血”过多。工商资本下乡可带动资金、技术、信息、人才、管理等生产要素流向农村，推动农业生产规模化、集约化，提高农业生产效率，促进一二三产业融合发展和传统农业向现代农业转变。同时，工商资本将农村土地和劳动力等生产要素重新整合，有助于延长农业产业链、提升附加值，通过“老板带老乡”，多渠道促进农民增收致富。近年来，以外出务工经商人员、大中专毕业生和企业主为主体的返乡创业潮悄然兴起，为农业增效、农民增收、农村繁荣注入了前所未有的新动能。建议顺势而为、因势利导，规范有序推进。

政府搭台，规划先行。因地制宜确定工商资本下乡的发展方向，鼓励发展适合产业化经营的现代种养业和农业服务业，如农产品加工储运销、农业社会化服务、良种繁育、高标准设施农业、规模化养殖，以及农村“四荒”资源开发、土地整治和高标准农田建设、农业环境治理与生态修复等。政府应制定规划指引，搭建合作平台，推广示范工程，促进企业与农户、村组对接，找准利益结合点。

改革铺路，政策扶持。加快制定鼓励引导工商资本参与乡村振兴的指导意见，落实和完善用地、融资、税费减免、配套设施建设补助等扶持政策。加大对返乡下乡“双创”人员的支持力度，帮助他们解决好子女教育、社保等方面遇到的困难和问题。

创新监管，保障权益。对工商资本下乡，既要鼓励支持，也要引导和监管，特别是要防范变相圈地行为，保障好农村居民权益。关键是要“定规矩、立门槛”，坚持土地集体所有制和用途管制，坚持租赁耕地只能搞农业生产，防止擅自改变土地用途、对土地进行掠夺性开发等行为。

三、盘活用好农村闲置资源

随着城镇化进程的深入发展，现在农村出现了农房、宅基地大量闲置乃至废弃的现象，一个重要原因是农村资源流动性差。要按照中央农村工作会议的要求，通过深化改革激活乡村沉睡的资源，释放更多投资和消费需求。

探索宅基地“三权分置”改革。在坚持宅基地所有权属于农民集体、资格权属于集体经济组织成员的基础上，推进所有权、资格权、使用权“三权分置”改革，保障宅基地农户资格权和住房财产权，适度放活宅基地使用权，赋予农户对宅基地充分的用益物权，允许其长租、合作、入股、抵押、继承。当然，改革中要严禁违法违规买卖宅基地。

鼓励改造盘活闲置农房。近10年来，全国农村常住人口减少了约1.6亿人，有的举家离乡进城后，农村住房长期被闲置，有的年久失修成了危房。对此，可采取多种方式加以盘活：有的可以拆旧复垦改为耕地，对主动腾退宅基地的农户进行合理经济补偿；有的可以鼓励农民翻修改造、功能提升、开发利用，既能增加农民财产性收入，也能直接拉动建材、家具、家电等消费。绍兴等一些地方开展“闲置农房激活计划”，对闲置农房实行“统一收储、回购、返租、入股”的方法，农户按协议分享租金或分红，重新设计改造后的农房通过线上推介，带动了乡村旅游等项目聚集，使农房价值数倍提升，成了农民增收的“黄金屋”。

四、多措并举活跃农村消费市场

2013年以来，农村消费品零售额增速持续快于城镇，占比也不断上升，显示出农村消费的旺盛需求潜力。进一步扩大农村消费需求，应着力抓好三件事。

一是大力发展农村电商。近年来，以电商为代表的农村流通新业态，开辟了流通新渠道、压缩了交易环节、促进了产销对接，成为农村消费增长的突出亮点。2017年全国农村实现网络零售额超过1.24万亿元，同比增长39.1%，农村网店达到980多万个，带动就业超过2800万人，表现出强劲活力。也要看到，农村电商还面临基础设施条件差、流通链条不完整等制约，尤其是“最后一公里”配送难、物流成本高的问题较为突出，部分地区农产品物流成本占总成本30%—40%，鲜活农产品物流成本更是占总成本的60%。应继续深化和扩大电子商务进农村综合示范工作，完善农村电商服务体系，加大对电商服务站点建设、仓储冷链、物流设施、品牌打造等方面支持，形成线上线下融合、农产品进城与农资和消费品下乡的双向流通格局。

二是治理农村消费环境。长期以来，乡村是市场监管链条中的薄弱环节，一些劣质产品、山寨产品甚至过期食品和假药趁虚而入，大肆流入农村地区，严重侵害农民消费者权益，极大抑制了他们的消费意愿。随着收入水平普遍提高，农村居民对优质产品和服务的需求日益提升。市场监管应向农村延伸，强化规范整顿，严防假冒伪劣产品流向农村。还要坚持源头控制、产管并重、重点治乱，确保农产品质量安全。

三是拓展乡村旅游消费。现在人们已不再满足于景点拍照、“刷地标”式的观光旅游，而更热衷于融入当地生活、体验不同环境、感受不同地域文化的深度游，这方面乡村大有可为。当前我国休闲农业和乡村旅游蓬勃发展，2017年营业收入超出7400亿元。要积极创建美丽乡村，实施休闲农业和乡村旅游精品工程，建设一批设施完备、功能多样的田园观光区、民俗体验园和特色小镇，打造“一村一品、一村一景、一村一韵”，满足大众快速增长的“看山望水忆乡愁”的休闲式、体验式旅游需求。乡村民宿对带动全域旅游、古村落保护、小城镇建设、消化闲置房产等具有积极作用。民宿作为个性化、非标性产品，能满足游客的差异化消费需求，不仅拉动社会投资和消费，也能拓展农民增收渠道。近几年民宿客栈年均增长达30%以上，展现出良好发展前景。政府可通过规划设计、示范引导，支持农民结合当地人文景观、田园风貌和山水形胜等资源禀赋发展民宿经济，并给予证照办理、消防审批等便利化管理措施和税费减免等政策优惠。

扩大基础设施投资重在拓展资金渠道 激发民间投资活力亟待破除隐性壁垒

——释放内需潜力调研报告之八

王汉章　陈黎明　李逸浩

2018年年初以来，全国固定资产投资增速逐月回落，投资增长后劲不足，预计下半年投资增速可能进一步放缓。综合分析原因，主要是由于基础设施投资增长大幅放缓，民间投资活力没有充分释放。下一步，需着重从这两个方面发力。

一、基础设施投资资金筹措困难加大，需要有针对性地拓宽资金渠道

2018年上半年，全国基础设施投资同比增长7.3%，增速较上年同期回落13.8个百分点，且回落幅度逐月加深。与全国情况基本一致，调研的几个地方也都出现了不同程度的增速回落，有的地方降幅达50%以上，有的地方虽然当前增长较快，但预计下一步也会比较困难。四川省反映，2018年1—5月份全省基础设施投资增

长23.2%，但下半年和2019年增速可能会明显降低。

各地反映，我国仍处于工业化、城镇化快速发展的阶段，补短板、增后劲、促进城乡和区域协调发展、壮大新兴产业和提升传统产业，都需要发挥投资的关键作用。就基础设施来讲，也有很大投资和发展潜力。与发达国家相比，我国基础设施建设总体上仍然比较落后。据世界经济论坛发布的《2017—2018年全球竞争力报告》，在基础设施竞争力评估中，中国居第46位，其中公路、铁路、港口、航空运输分别居第42、17、49、45位。从四川来看，基础设施历史欠账多，未来有很大发展空间。全省铁路运营里程仅占全国的4%左右，与四川的人口、区划面积、经济体量都不匹配。全省还有1／4的县不通高速公路，二级以上公路里程仅占公路总里程的8%，甘孜、阿坝、凉山地区许多乡镇和建制村还没有硬化公路。全省耕地有效灌溉面积不到50%。补齐这些短板，需要大量投资。

当前，基础设施投资面临的突出问题是资金筹措困难，许多项目出现较大资金缺口，后续项目资金保障也不乐观。据统计，2018年地方政府项目计划总投资约7万亿元，存在资金缺口的项目占29%，资金缺口超过1.3万亿元，其中地方政府投资缺口6000多亿元。四川省反映，投资有缺口的项目4200多个，资金缺口930多亿元。资金缺口大，主要有以下原因：

第一，项目资本金来源渠道受阻。主要是清理地方融资平台致使其基本停止了融资功能，导致一些项目资本金难以落实，银行信贷资金也无法跟进。一些地方反映，如果没有相应政策补充，许多项目将难以为继，可能出现“烂尾工程”。一些PPP项目处于“进要举债、退要失信”的两难境地。

第二，项目融资渠道不断收缩。随着金融监管的强化，银行信贷趋紧，发债、信托等其他融资渠道也不断收缩。2018年上半年，社会融资新增9.1万亿元，比上年同期减少2.03万亿元，主要是委托贷款、信托贷款等大量减少。

第三，地方财政压力较大。在有限的政府财力内，由于脱贫攻坚、民生保障等刚性支出增加，影响了基础设施的政府投资。一些地方财政出现困难甚至负增长，相应缩减了基础设施的政府投资。

针对上述问题和困难，建议着力从以下两方面采取措施：

一是分类分步规范地方政府融资平台。地方政府普遍反映，清理规范融资平台是防范化解地方政府债务风险的重要举措，要坚定不移地往前推，但不能“急刹车”“一刀切”，避免引起大的波动。可借鉴美联储缩表采取的分阶段、渐进式策略，分类分步实施。建议：加快推进融资平台公司化市场化转型，并根据平台公司的不同情况，实行差异化政策。对负债率低的，允许其继续进行商业化融资；有条件的地方，可以通过充实优良资产、资产证券化等手段，改善平台公司的负债结构，增强其融资功能。同时，对已投入在建项目的融资平台，引导金融机构按照市场化原则保障其合理融资需求，避免资金断供、工程烂尾。

二是多措并举增加财政性资金投入。目前地方政府债发行进度普遍滞后，2018年全年预算安排的新增2.18万亿元规模，上半年只发行了3300多亿元，还不到1/6。建议督促地方加快发行和使用进度，所筹资金主要用于在建基础设施项目建设。同时，进一步盘活财政存量资金，调动民间资本的积极性，增加基础设施项目建设投入。

二、民间投资面临多种多样的隐性壁垒，需要采取硬措施加以破除

近些年来，我国民间投资经历了高速增长、逐年下滑、基

本企稳的过程，年度增速从2012年的超过20%下滑到2015年的10.1%，2016年上半年仅增长2.8%，此后逐步回稳。2018年上半年，民间投资同比增长8.4%，较上年同期加快1.2个百分点。尽管如此，民间投资增速仍然较低，潜力远没有发挥。

从调研情况看，近年来出台的一系列鼓励民间投资的政策措施成效明显。但当前民间投资仍面临诸多困难和问题，主要是：

第一，隐性壁垒多、进入难。调研中了解到，目前民间投资表面上不存在法规和政策障碍，但“开了门、进不去”，“玻璃门”“弹簧门”“旋转门”多。这种隐性障碍，在制造业、房地产等竞争性强的领域较少，却在基础设施、基础产业领域问题突出。比如，电网、铁路领域，还鲜有民间资本进入；有的地方油气资源丰富，但基本没有民营企业进行勘探开发；有的省份“十一五”“十二五”高速公路项目建设中，民营企业参与了7个项目，但“十三五”没有一个项目让民营企业参与；推进PPP的初衷是为了撬动社会资本，但实际执行中民营企业基本中不了标，中标者几乎全部是中央企业、国有企业，民营企业只能做转包工程。此外，民营企业在投资和生产经营中，难以享受国有企业的政策性补贴、税收减免等优惠政策。

第二，综合成本高、不敢投。主要是人工成本、原材料成本特别是融资成本在上升，利润空间有限，降低了投资意愿。民营企业普遍反映，融资难度在进一步加大，尽管银行贷款利率较低，但申贷获得率不足30%；一段时间以来，商业银行贷款利率又在攀升，与上年同期相比提高了1—2个百分点，加上担保、评估、抵质押等各种中介服务费用，综合融资成本普遍在10%以上；由于企业很难从银行贷款，一部分融资只能走民间借贷，融资成本高达15%甚至30%以上。也有民营企业反映，金融机构放贷失信严重，市场一旦有风吹草动，就单方面终止或更改贷款合约，“雨天收伞”，导致资金断链。同时，投资项目建设中，各种审批手续繁杂，环评、安评等各类中介服务收费高，企业苦不堪言。

第三，政府部门不作为、不守信。民营企业反映，现在到政府部门办事，门好进了、脸好看了，但事难办。一些地方政府的干部谈商色变、躲商冷商，批项目偏爱国有企业。比如，有的PPP项目本来民营企业有能力承接，但在操作过程中把若干项目打包成更大的项目，使其超过了民营企业的承接能力，把民营企业排挤在外。同时，产权保护政策落实不到位、“新官不理旧账”等，也严重影响了民营企业投资的信心和热情。有企业反映，承揽的政府投资项目完工5年还没有进行决算，垫付的资金收不回来，还要支付高额利息，“看着报表是赚的，摸着包包是空的，欲哭无泪”。

民间投资占全部投资的60%左右，是推动经济增长的重要力量，对拉动消费、促进就业具有很强的带动作用。建议从以下几个方面采取措施，进一步调动民间投资积极性。

一是借用“清单”模式破除民间投资隐性壁垒。对破除民间投资隐性壁垒，党中央、国务院强调了多年，但实际效果却不理想。针对这个问题，建议借用“清单”的模式。2015年开始实施的《全国医疗卫生服务体系规划纲要（2015—2020年）》，就对社会办医提出了量化指标，明确要预留每千常住人口不低于1.5张床位的规划空间，取得了好的效果。可以借鉴这一做法，在基础设施、基础产业等领域，研究一个“正面清单”，规定一定比例的项目必须让民营企业参与投资，以形成突破和引导效应。

二是规范政府和社会资本合作。在铁路、油气、电信等领域，推介一批以民间投资为主、投资回报机制明确、商业潜力大的PPP项目。各地不得限制民间资本参与PPP项目，新推出的PPP项目要设定一定比例由民间资本参与竞争。对刻意把若干小项目打包成大项目阻碍民间资本进入的现象，要督促地方尽快予以纠正。对投资规模大的项目，鼓励民营企业组成投资联盟参与投标。

三是努力降低企业要素成本和制度性交易成本。坚持实施稳健中性的货币政策，保持流动性合理充裕，落实和完善缓解小微企业融资难、融资贵的政策举措。大力推进工程建设领域的“放管服”改革，进一步压缩从立项到开工的审批时间。对融资中介服务、项目建设中介服务进行专项整治，打破垄断，斩断相关部门与服务机构之间潜在的利益链条，强化市场竞争。同时，进一步落实好降低用工、用地、用能、物流等成本的政策措施。

四是加快构建亲清新型政商关系。调研中大家普遍反映，民营企业投资中遇到的许多问题，很大程度上是由于“几个不敢”：政府投资项目和优惠政策不敢给民营企业，银行不敢给民营企业贷款，国有企业不敢与民营企业合作。要加快构建亲清新型政商关系，坚持“亲”不逾矩、“清”不疏远，建立健全制度化政企沟通机制，强化政策引导和信息服务，主动为民营企业创造投资机会。建立健全容错纠错机制，为敢于担当的干部鼓劲撑腰。同时，落实好关于产权保护的政策措施，继续依法甄别纠正产权纠纷申诉案件。

城镇居民消费增速持续下滑的原因分析及政策建议

商亮　聂新伟

消费在国民经济中具有重要地位。我国最终消费支出占国内生产总值比重自2012年以来已连续6年超过50%，消费已成为经济增长主动力。但与此同时，社会消费品零售总额同比增速自2011年以来已连续7年下降，城镇居民消费增速持续下滑尤为明显。扩大消费对于我国经济发展和民生保障具有重要意义，应高度重视消费增速持续下滑现象。

一、我国城镇居民消费增速持续下滑

根据城镇居民消费水平指数测算，我国城镇居民消费年均增速“十一五”期间为8.0%，“十二五”期间为6.35%，而2016和2017年年均增速仅为4.9%。2017年我国城镇居民人均消费实际增速为4.1%，创2004年以来13年的新低，2018年以来增速继续下滑，一季度实际增速为3.4%，同比回落0.2个百分点。

从消费结构来看，近几年我国重要消费品增速均出现不同程度的下滑，部分商品甚至负增长。2017年，汽车销量同比增长3%，创2012年以来的新低。家用电器消费增速整体放缓，其中家用洗衣机增长0.8%，增速同比下降2.55个百分点，电冰箱、彩色电视消费均创2010年以来的新低，降幅分别为4.3%、1.2%。

以世界主要国家为参照，我国当前居民消费增速趋缓态势是不合理的。1990年至2016年，世界主要国家居民最终消费支出占GDP的比重平均为58%左右，美国、英国、巴西等国家普遍在60%以上。我国该项指标2010年之后逐步上升，但2016年和2017年分别为39.01%、39.1%，均不到40%，仍显著低于世界平均水平，比印度、巴西、俄罗斯等金砖国家都还要低（详见表1）。如果在较低水平上增速持续下滑，将不利于居民消费整体水平的提升，对经济发展速度、结构和质量也会产生不利影响。

表 1　世界主要国家居民最终消费支出 GDP 占比（%）

国家 / 年份	1990	2000	2010	2015	2016
中　国	48.30	46.22	35.92	37.14	39.01
巴　西	59.30	64.59	60.22	63.84	64.01
印　度	60.86	61.66	52.69	59.09	59.43
南　非	56.72	62.37	59.02	59.92	59.89
俄罗斯	48.87	46.19	50.58	52.09	53.37
法　国	55.55	54.44	56.14	54.98	55.31
日　本	51.39	54.41	57.75	56.56	55.84
德　国	56.60	57.14	56.06	53.57	53.26
韩　国	49.71	53.65	50.32	49.11	48.78
美　国	63.98	66.04	68.18	68.06	68.84
英　国	60.72	66.90	65.57	65.57	66.36
平　均	58.05	58.50	57.67	58.00	58.35

资料来源：世界银行世界发展指标数据

二、我国城镇居民消费增速趋缓的主要原因

我国城镇居民消费出现放缓趋向，一些抑制消费的因素值得重点关注。

一是城镇居民收入分配两极分化扩大造成平均消费倾向下降。由国家统计局公布的数据看，2017年城镇居民可支配收入中位数名义增速明显趋缓，为7.2%，低于同期平均可支配收入增速8.3%，意味着半数以上城镇居民的收入增速低于平均水平。收入分配两极分化扩大将降低居民平均消费倾向，从而对居民整体消费产生拉低作用。

二是购房支出对城镇居民消费具有明显的挤出效应。据有关城市生活资源数据分析网站2018年发布的世界307个城市房价—收入比数据显示，北京、上海、香港和深圳依次排名前四位，均超过40（第五位的孟买为28.17，仅为北京的58.5%），居民购房承受力指数均小于0.4，其中北京最低为0.26，处于远不能承受的水平。从有关部门公布的数据看，居民购房杠杆率随房价持续上涨而不断升高，由2012年第四季度的15%上涨至2016年第四季度的44.1%，2017年受调控政策影响出现回落，但仍在35%左右。购房在经济统计中属于投资，较高杠杆率带来的债务压力必然对消费支出产生挤出效应。

三是不断加深的老龄化趋势对消费增长起到一定的抑制作用。近年来我国人口红利减少，老龄化进程明显加快，2017年60岁及以上人口占比达到17.3%，较2012年提高了3个百分点，年均提高0.6个百分点。老龄化加快既会降低社会平均消费倾向，又将提高社会预防性储蓄即居民为应对未来不确定性而进行的储蓄，相应地降低消费增速。

四是高品质产品供给不能满足居民消费升级的需求。有关企业的分析报告显示，2017年我国游客海外支出平均5565美元，排名第一的支出项是购物，购物清单中包括大量高档商品、日用消费品等。海外消费的兴起，既反映了我国居民消费水平的提升，也说明国内产品和服务不能完全满足消费换档升级的需要，特别是在中高端产品方面离消费者的需求还有相当距离。

三、促进我国城镇居民消费稳步提高的政策建议

提振当前城镇居民消费，需要围绕使居民能够拥有更高收入支撑消费、拿出更多收入用于消费，能够更加放心、更加满意、更加安全地消费，多面发力、多措并举，因此建议：

（一）加大居民增收支持力度，使居民能够拥有更高收入支撑消费。提升居民消费水平的根本在于收入的持续增长。一方面要在居民增收上下功夫。实施就业优先战略，多方鼓励创业带动就业，积极拓宽居民劳动收入和财产性收入渠道，建立工资增长与物价、经济增速的联动机制，实现居民收入与经济同步增长、劳动报酬与劳动生产率同步提高。另一方面要继续降低收入差距。实施更加有效的再分配政策，加快落实个税起征点调整政策，适时提高高收入群体的财产性或资产性收入税率，以此提高社会平均消费倾向。

（二）切实降低居民合理的住房支出负担，使居民能够拿出更多收入用于消费。要坚持房子是用来住的、不是用来炒的定位，加快建立多主体供给、多渠道保障、租购并举的住房制度，尽快完善促进房地产市场平稳健康发展的长效机制。特别要突出政策的精准化，因城施策。供给方面，要合理增加热点城市和地区土地供应，提高住宅用地比例，因地制宜发展住房租赁市场，

有效平抑房价。需求方面，要完善限购、首付比例、信贷、税收等政策体系，建立有效的法律法规体系，积极支持居民刚性和改善性需求，引导这两类需求有序释放，严控投资需求，坚决遏制和打击投机炒房行为。同时，持续抓好保障性住房建设，通过设立财政专项资金以及开展与社会资本多形式合作模式，稳步提升保障房供给能力。

（三）加快避免预防性储蓄增加的公共服务体系建设，使居民能够更加放心地消费。预防性储蓄是影响当期消费的重要因素。据统计，2017年底我国养老金抚养比已达2.8∶1，人口老龄化加剧。要加强养老保险基金征收、管理、使用，不断提高社会总体的养老保险发展水平，建立老龄产业制度化的财税支持机制，鼓励和支持民间资本投资老龄产业。同时，进一步加大教育、医疗等投入。特别是在“互联网+”时代，要充分运用云计算、大数据等信息化技术，积极构建远程医疗协同平台，大力发展远程教育、大规模在线开放课程等，推动城乡区域优质医疗教育资源共享，最大程度免去群众后顾之忧，促进居民消费水平提升。

（四）引导市场主体加强高质量供给能力，使居民能够更加满意地消费。新时代人民日益增长的美好生活需要，是消费扩大升级动力所在。一要打造新的消费热点，大力发展休闲旅游、文化娱乐、教育培训、医疗卫生、健康养生等服务消费，更大程度释放消费潜力，不断满足居民个性化、多元化的消费升级需求。二要提升产品和服务质量，深化“放管服”改革，充分激发市场活力，推广“国家品牌计划”，打造更优质的产品和服务，促进中高端消费回流。三要加强产品服务标准化管理，通过顶层设计，推动企业产品服务标准与国际接轨，对内外同销日用消费品实行“同线同标同质”生产。

（五）加强消费市场环境建设，使居民能够更加安全地消费。截至2017年底，我国网民规模达到7.72亿，占全球网民总数的1／5。互联网的快速深度发展，给我国扩大内需、促进消费带来新的机遇。一要加强网络基础设施建设，改造升级光纤网络，尽快实现高速网络城乡全覆盖，加大网络提速降费力度，为互联网经济更好更快发展创造条件。二要加强互联网经济金融的规范管理。随着互联网经济金融的快速发展，相关的违法犯罪事件造成群众损失和社会影响也大，也降低了消费者对互联网消费的信任度。应加强对互联网金融的规范监管，确保第三方支付等网上交易的稳定与安全。三要加强个人信息安全与隐私权保护。当前大数据下的个人信息隐私安全隐患日益突出。应加快推进大数据安全的法治建设，首先是尽快对个人信息安全与隐私权保护进行立法，为现代消费营造安全的法治环境。此外，还要加强传统线下消费的市场环境整顿规范，打击制售侵权假冒商品违法犯罪行为，强化产品服务质量监管，开展旅游、家政服务等市场专项检查整治，加强市场诚信体系建设，维护良好的消费市场秩序。

补齐国民休假制度短板
推动旅游消费持续稳定发展

刘应杰

我国旅游消费旺盛且潜力巨大，对经济发展起到重要拉动作用。目前存在的短板制约，主要是国民休假制度不合理，时间难以保证又过于集中，由此导致旅游的大起大落，既造成拥堵又带来浪费，不利于旅游的持续均衡发展。必须采取有效措施，健全和完善国民休假制度，推动旅游消费又快又好发展，为经济社会发展提供新动力。

一、旅游消费成为新的消费热点和增长点

我国正处在旅游大发展大繁荣时期，进入了“大众旅游时代”。近年来，旅游消费保持强劲增长势头。过去5年，我国国内旅游人次年均增长11%以上，旅游总收入年均增长15.8%。2017年，国内旅游市场快速增长，旅游人数超过50亿人次，比上年增长12.8%；旅游总收入5.4万亿元，增长15.1%。中国连续多年保持世界第一大出境旅游客源国，2017年境外旅游消费达到1150多亿

美元，其消费能力引起全世界的惊叹。

尤其是“黄金周”期间，旅游消费出现“井喷式增长”。2017年“十一黄金周”，国庆中秋双节叠加形成8天“超级假期”，国内游客超过7亿人次，同比增长12%；旅游收入5836亿元，同比增长14%。这几年春节假期也成了“旅游黄金周”，2018年春节全国共接待游客3.86亿人次，同比增长12.1%，实现旅游收入4750亿元，同比增长12.6%。现在“五一”节虽然不是“黄金周”，只有3天假期，但旅游也十分火爆，2018年“五一”假日全国共接待国内游客1.47亿人次，同比增长9.3%，实现国内旅游收入871.6亿元，同比增长10.2%。

旅游消费已经成为我国新的消费热点和增长点。旅游消费对住宿、餐饮、民航、铁路客运业的贡献超过80%，旅游综合性消费占国民经济最终消费的比重接近15%。旅游业对GDP的综合贡献超过11%。旅游直接就业2825万人，加上间接就业超过8000万人，对社会就业综合贡献达到10.3%。

在拉动我国经济增长的“三驾马车”中，近年来投资增速下降较多，出口增速波动较大；消费则呈现相对稳定增长，成为拉动经济增长的主要动力，这其中旅游消费的作用越来越重要。旅游业产业链条长，具有“一业兴百业旺”的特点，可以带动交通、住宿、餐饮、购物、文化、娱乐、健身、养老等许多相关消费发展。中国已成为全世界最大规模的国内旅游市场和出境旅游市场。世界各国都看好中国旅游消费的发展前景，纷纷采取措施吸引中国游客。我们要适应旅游大发展的需要，更大程度激发和释放旅游消费的潜力和活力，为经济社会发展提供有力支撑。

二、旅游消费面临突出短板制约

我国正处在由中等收入向高收入迈进的阶段。随着人们收入水平的不断提高，旅游消费的需求将不断扩大，休闲旅游成为人们重要的生活方式。与旺盛的旅游消费需求相比，旅游供给存在着明显不足，突出表现为旅游供需矛盾突出，呈现供不应求的状况。

总体上看，旅游资源满足不了旅游消费需要。一是旅游景区景观相对不足。老的景区容量有限，新的景区开发不够，使得游人过于集中于一些著名景区，难于满足群众越来越多样化的旅游需求。每逢节假日，尤其是“黄金周”，到处人满为患，看景变成看人，有的景区游客上不来、下不去，甚至出现大面积长时间拥堵状况，极大地影响了人们的出游热情。二是旅游交通等基础设施相对短缺。特别是随着私家车的爆发式增长，节假日交通拥堵十分严重，出城和进城都很困难。旅游景区停车场、汽车营地、公共厕所、游船码头、游客服务中心等，都跟不上旅游发展需要。三是旅游产品开发不够、创意不足。旅游作为一项创意产业，许多旅游需求和产品都是创造出来的。我国老年旅游、青少年旅游市场很大，乡村旅游、生态旅游、文化旅游、健康旅游等都处于快速增长期，需要更多的创意产品。近年来，我国大力发展“旅游+”和“全域旅游”等效果明显，都充分说明了这一点。四是旅游市场环境不好、服务水平低。主要是市场秩序不规范，旅游门票价格高，服务质量相对较差，其性价比还不如到有些周边国家旅游，抑制了国内旅游消费，甚至产生挤出效应。

与此同时，旅游资源又存在供给不足与供给过剩并存的现象。主要是由于人们的休假时间过于集中，由此造成平时和节假日、旺季和淡季极其不均的突出矛盾。节假日景区爆满，出行一票难订，住宿一床难求，铁路需要加开很多列车，民航需要增加许多航班；然而节假日一过，平时游客减少，景区、饭店、铁路、民航等需求断崖式下降，带来了大量资源闲置和浪费。这种暴涨暴跌、大起大落的旅游方式，造成了旅游资源配置的时空错位，进一步加剧了旅游的供需矛盾，成为困扰我国旅游业健康发展的大问题。

旅游消费一要有钱，二要有闲。现在人们有了钱，旅游愿望强烈，但恰恰是没有时间。对于许多人来说，休假甚至某种程度上比涨工资更重要。有限的节假日大家都集中在一起，人为地造成了过于“扎堆”的现象，使旅游变成了“拥堵”。这是造成旅游乱象的根源，也是制约旅游发展的最大瓶颈。

解决这些问题，必须大力推进旅游供给侧结构性改革。要在积极增加旅游资源供给的同时，下大力气改革我国的休假制度，使制度供给与资源供给相配合，更好地满足旅游消费发展的需要。

三、改革我国休假制度的政策建议

我国1995年实行双休日制度，1999年实行“五一”“十一”“春节”三个“黄金周”。这在当时都是突破性的举措，带来了人们休假时间的增加，推动了旅游消费的繁荣发展。现在，我国转向高质量发展阶段，社会主要矛盾转化为人民日益增长的美好生活需要和不平衡不充分的发展之间的矛盾。落实带薪休假制度，合理安排休假时间，满足旅游生活需要，已成为人民日益增长的美好生活需要的重要内容，对扩大消费、增强发展新动能具有重要作用。要牢固树立以人民为中心的发展思想，改革和落实我国的休假制度，把这作为保障和改善民生的一件大事来办。这对促进旅游消费能够起到立竿见影的效果。

第一，加快落实职工带薪休假制度。2013年2月，国务院办公厅发布《国民旅游休闲纲要（2013—2020年）》；2014年8月，国务院制定《关于促进旅游业改革发展的若干意见》，都对落实带薪休假制度作出明确规定并提出具体要求。问题是现在仍然存在不落实的情况。要强化全社会依法休假理念，将带薪休假制度落实情况纳入各地政府议事日程，作为劳动监察和职工权益保障的重要内容。所有国家机关、企事业单位等都要根据国家规定，落实带薪休假制度，合理安排职工休假时间。同时，完善针对民办非企业单位、有雇工的个体工商户等单位的职工休假保障措施。

第二，鼓励支持单位和个人实行弹性休假与错峰休假。职工的年休假可以在一年内灵活安排，错开集中休假时间，促进常年性旅游消费。鼓励机关、团体、企事业单位引导职工灵活安排全年休假时间。鼓励职工结合个人需要和工作实际分段灵活安排带薪年休假。在放假时间总量不变的情况下，各级各类学校可结合实际调整寒、暑假时间，地方政府可以探索安排学校放春假或秋假。

第三，恢复“五一”黄金周。现在一年中有国庆和春节两个“黄金周”，“五一”期间正是旅游的好时节，广大职工群众和社会各方面都对“五一”长假有热切期盼。建议恢复“五一”长假，做好一年中三个“黄金周”的旅游工作，这对扩大消费效果明显，也有利于旅游“黄金周”的均衡发展。

第四，下放地方更多安排节假日的自主权。结合推进“放管服”改革，可考虑不再安排全国统一的节假日放假调休时间，而由各地方根据自身实际情况，自主安排国家法定节假日与地方性节日、少数民族传统节日休假，缓解全国统一的节假日旅游市场矛盾。这几年北京APEC峰会、杭州20国集团领导人峰会、厦门金砖国家领导人会晤等，地方灵活安排职工休假，对举办好重要国际会议、促进旅游消费等都起到了很好的作用。

稳基础设施投资的思考和几点建议

刘斌　潘国俊

2018年以来，我国基础设施投资增速大幅回落，拉动固定资产投资增速持续走低，是经济运行稳中有变的一个重要“变”因素。建议重点从解决投资项目资金不足问题入手，促进基础设施投资增速企稳回升，进而实现稳投资目标。

一、基础设施投资下滑态势非常明显，是拉下投资增速的重要因素

2018年前三季度，全国基础设施投资增长3.3%，是有此统计口径以来的最低值，增速比上年同期下降16.5个百分点。基础设施投资对整个投资增长的拉动作用不断减弱，2018年前三季度仅拉动增长0.8个百分点，比上年同期下降3.1个百分点。

一是从地区结构看，东部、中部地区相对平稳，东北、西部地区回落明显。2018年前三季度，东部和中部地区基础设施投资分别增长6%和7.2%，增速较1—2月份有所回落，但总体保持平稳。相比之下，东北地区基础设施投资同比下降13.6%，回落幅度明显，且三个省份全部负增长（其中，辽宁、吉林、黑龙江分别

下降10%、9.9%、22.3%）。西部地区增长2%，比上年同期回落23.8个百分点，其中4个地区负增长。

二是从投资领域看，生态环保领域投资增长较快，交通运输和公共设施管理等多领域投资遇冷。2018年以来，生态保护和环境治理业投资始终保持30%以上增速，其中前三季度增长33.7%，比上年同期提高8.7个百分点。交通运输业投资增速大幅回落，其中，前三季度道路运输业增长8.9%，比1—2月份回落10.2个百分点；铁路运输业同比下降10.5%，已持续负增长7个月。公共设施管理业投资增速也逐月回落，前三季度增长1.7%，比1—2月份回落13.9个百分点。

三是基础设施民间投资增速相对较快，但占比依然偏低。2018年前三季度，基础设施民间投资增长5.1%，比全部基础设施投资增速快1.8个百分点，部分国家鼓励民间资本进入的行业增速较快，其中，铁路运输业民间投资增长55.5%，道路运输业民间投资增长15.9%，生态保护和环境治理业民间投资增长18.1%。但总体看，基础设施领域民间投资比重 依然偏低，前三季度仅为16%，不足两成，其中，铁路运输业为2.9%，电信广播电视和卫星传输服务业为4.7%。

二、基础设施投资增速回落的原因是多方面的，当前的主因是项目资金不足

基础设施投资增速回落有发展规律的因素，但2018年增速突然大幅下滑，主要原因是项目资金不足。据有关部门测算，2018年在建的基础设施和民生工程等项目，资金总量存在约29%的缺口，2018年前三季度基础设施项目到位资金同比下降4.5%，到位资金量不足投资总额的七成。从资金来源看，前三季度基础设施

投资中国家预算资金仅增长0.9%，自筹资金和国内贷款分别同比下降5.8%和9.7%，显示资金来源全面收紧。

一是防风险采取了系列政策，对以前一些不合法不合规的融资模式进行了“纠偏”，基础设施融资向正常渠道回归的过程中面临较大困难。防范化解地方政府债务风险，是我国经济由高速增长转向高质量发展的必然要求。这个过程中，一些地方政府违法违规或变相举债的行为受到约束明显收敛，部分基础设施项目融资受到影响。对地方政府来说，一些在建项目前期资本金合规性不够，资本金穿透审查后，后续再融资必须补足资本金，而地方财力难以弥补资本金缺口。目前地方政府合规的融资模式有发债和PPP，尽管专项债增长很快但规模有限，PPP项目准入标准提高，制约了项目资金来源。对金融机构来说，一些新项目手续不全，或者可行性评估不足，预期收益不能覆盖融资本息等，金融监管趋严后金融机构难以有效介入；一些在建项目后续融资中，由于资本金到位缓慢或者地方政府撤销担保，金融机构调整了风险偏好，提供融资更加审慎。

二是一些金融机构和地方政府难以精准把握政策，过于收紧资金的现象时有发生。目前有关文件对隐性债务给予了定义，但隐性债务范围、基础设施项目资金的属性等问题不够明确，一些金融机构和地方政府难以准确把握，主观上更加谨慎和保守。比如，政策规定，金融机构既要积极主动配合开展存量债务整改，严禁以任何形式新增地方政府隐性债务，又要求不得盲目抽贷、压贷和停贷，金融机构难以判断哪些项目合法合规可以续贷、哪些项目应该停贷，往往选择收紧信贷。一些地方政府为避免新增隐性债务而被问责，不再区分项目是否是“必要的在建项目”，采取了盲目的“一刀切”，导致一些项目停缓建。

三是政策执行过程中，民间资本进入基础设施领域的隐形障碍依然存在。比如，铁路、电力、通信等垄断性行业还存在门槛。国务院大督查反映，一些铁路项目从投资主体、咨询设计监理到施工及行业监管等，均有特定的资质要求，无形中提高了社会资本进入的门槛。再比如，一些民营企业参与项目评审，但大部分评审专家来自国企或科研院所，论证中有排斥民企的情况，打击了民企热情。此外，近年来，部分地方政府将PPP模式作为一种融资手段，导致泛化滥用；有的地方清理PPP项目较随意，对未来民间资本再融资产生影响，一定程度打击了民间资本的积极性。

四是环保、土地等要求更严格，部分项目进度受限。比如，部分河流水库、航电项目与规划环评要求不一致，导致环评遇阻；还有项目涉及自然保护区、饮用水水源等生态保护红线，需要重新调整。在交通领域，部分地区反映耕地占补平衡落实难且费用高，制约工程建设。一些已纳入年度计划的新开工项目，因耕地占补平衡指标、基本农田补划地块难以落实等，无法按时间节点开工建设。

三、几点建议

处理好防风险与稳投资的关系，有效破解资金不足困局，是当前及下一阶段稳住基础设施投资的重要着力点。

一要明确相关政策，尽可能避免金融机构和地方政府“无所适从”。加大对在建基础设施项目的梳理力度，掌握项目的合法合规、存量债务、资金缺口、融资需求、社会效益等情况，尽可能明确哪些是“必要的在建项目”。金融机构在此基础上，按照市场化原则进行融资决策，既不是依照行政命令强迫融资，也不是盲目抽贷、断贷、停贷。坚持“新老有别”的原则，督促地方分类梳理前期违规项目，制定可行的整改方案，避免浪费和发生处置风险。

二要增加专项债券发行规模，逐步使其成为地方政府融资的主渠道。扩大专项债券使用范围，鼓励专项债券支持铁路、机场、收费公路、水电气热等市政设施，以及污水处理、水利、生态环保等领域有一定收益的公益性项目，并将具有一定收益的乡村振兴战略项目，包括农村电网改造、农村基础设施建设项目等也纳入支持范围。提前给地方下达部分专项债券发行额度，优化发行流程，尽早尽快发挥专项债券使用效益。

三要加大财政金融的支持力度。建议增加中央预算内投资规模，对一些建设难度大、社会资本积极性不高的投资项目，以及部分基础设施底子薄、地方财力弱、筹资压力大的中西部地区，提高中央投资补助比例。适度增加再贷款规模，拓宽再贷款范围，增加流动性，降低融资成本；加大对开发性和政策性金融机构抵押补充贷款（PSL）资金支持，引导支持基础设施领域建设。

四要完善项目资本金制度。资本金制度是项目投资的风险约束机制，同时也是宏观调控手段。1996年建立这项制度以来，已经多次根据宏观经济形势进行了调整。在当前基础设施投资面临复杂严峻的形势下，要研究适时调整最低资本金比例，对有些具有长期稳定收益的基础设施投资项目，可不受资本金比例约束。同时，创新思路和方式，多渠道补充项目资本金。

五要进一步破除民间资本进入壁垒。持续深化“放管服”改革，优化投资环境，全面排查民间投资报建审批过程中的难点、堵点。规范PPP项目模式，对民营企业和国有企业一视同仁，提高民营企业的融资能力，降低融资成本。鼓励民间资本采取混合所有制、设立基金、组建联合体等多种方式，参与投资规模较大的PPP项目。适度放宽PPP支出占一般公共预算10%的比例上限，研究赋予地方根据财力设立相应比例的权限。

六要加强项目调度管理和优化审批流程。健全项目储备制度，在精准扶贫、农业现代化、信息化重大工程、中西部交通建设、环境治理、生态保护、能源建设等领域加大项目储备。坚持有保有压，避免地方政府为稳增速而盲目新建一批项目。优化环评审批流程，进一步压缩环评审批时间，对涉及生态红线等工程要尽早提示。尽快出台补充耕地相关配套政策，解决耕地占补平衡难操作、建设用地难落实等问题。

应高度重视工业投资持续低位运行问题

张军立　刘若霞　邢建武

针对近年来工业投资持续下滑、近期低位运行问题，我们开展了专题调研，现将有关情况报告如下。

一、近年来工业投资持续走低

一是工业投资增速降幅超八成。过去五年，规模以上工业投资增速从2013年的17.8%逐年下降，2015年起进入个位数增长阶段，2017年降至3.6%。2018年1—4月，工业投资仅同比增长2.7%，增速较上年同期回落1.1个百分点；制造业投资同比增长4.8%，较上年同期回落0.1个百分点。特别值得重视的是，投资数据皆为名义增速，参考2018年一季度全国固定资产投资名义增长7.5%、实际增长仅1.2%，估算2018年工业投资实际增速可能为负。

二是高技术制造业投资增速出现大幅回落。2018年以来，过去保持较快增长的高技术制造业，投资增速也出现大幅下滑。2018年1—4月，高技术制造业投资增长7.9%，虽然比制造业投资增长快3.1个百分点，但较上年同期回落14.7个百分点，较上年全年回落9.1个百分点。

三是新开工项目投资明显减少。据有关部门估计，2018年以来新开工工业项目计划总投资下降约15%，到位资金下降约20%。中部某省反映，一季度全省新开工工业项目个数减少54.9%，全省列入调度的亿元以上重点技术改造项目实施801项，比上年同期减少55项。

四是工业民间投资回升乏力。随着一系列促进民间投资政策陆续出台实施，2016年以来全社会民间投资企稳回升。但工业民间投资回暖速度显著低于全部民间投资。2018年1—4月，民间投资同比增长8.4%，但工业民间投资增长仅为4.9%，制造业民间投资增长6%。新增民间投资中投向工业领域的比重不断减少，工业项目对民间资本吸引力不足，工业民间投资增长的基础仍不牢固。针对工业投资增速下滑问题，既要理性分析，也要高度重视。一方面，我国经济步入中高速增长阶段，总体处于工业化中后期，工业投资增速一定程度放缓有其客观必然性。另一方面，也要看到工业是强国之基、经济高质量发展之要。工业投资决定工业未来产出。我国正处于制造强国建设和新旧动能转换的关键时期，推动工业高质量发展，增强工业国际竞争力和创新力，没有一定速度的工业投资作为支撑，势必会迟缓我国制造强国建设进程，滞后我国工业向中高端迈进的步伐。

二、工业投资不足的主要原因

工业投资增速较低受多种主观、客观因素影响，综合分析，主要包括以下几个方面。

第一，工业领域投资意愿不强。2018年1—4月，规上工业企业利润增长15%，而工业投资仅增长2.7%，产生严重背离，一定程度上反映出工业投资信心不足。主要是因为，从行业比较看，相较于金融服务、房地产等行业，工业领域尤其是传统产业投资回报率偏低、周期较长，再加上部分行业产能过剩、劳动力等要素保障趋紧、国际经济形势复杂多变，被企业看好的投资项目较少。从工业内部看，上游原材料行业价格过快上涨，但价格传导不畅导致下游行业成本快速上升，利润分化压减下游行业投资需求。

第二，工业企业负担仍然偏重。近年来国务院出台了一系列减费减税政策，2018年又下调制造业增值税率，大幅减轻企业负担，但企业还反映了一些问题。比如，部分行业的增值税留抵税额较高，大量占压企业资金，增加财务成本。再如，根据营改增相关政策，购进的贷款服务及其相关费用不得从销项税额中抵扣，下游企业面临重复征税问题。还有，现行鼓励专用设备投资的税收抵免政策，未考虑设备使用过程中如零部件更换、设备改造升级等费用。从设备使用的全生命周期看，这些费用甚至可能超过设备购买金额。

第三，工业企业融资问题加剧。近五年制造业中长期贷款占全部贷款余额的比重不断下降，2017年降至7.4%，这与制造业增加值占GDP约29%的比重很不匹配。2018年以来银行“抽贷”“压贷”现象明显增加，企业资金链绷得较紧。一些企业还反映，2018年发债难度增大，企业债利率甚至超过贷款利率，融资渠道受阻也影响工业投资增长。

第四，工业投资环境有待改善。近年来，国务院大力推动“放管服”改革取得较好成效，但在工业项目审批、许可等方面仍存在管得过多、过细的问题，简政放权还有较大空间。环评、能评、消防等中介环节较多、用时较长、费用较高，以及项目建成后验收、审计等环节繁琐拖沓，都对企业投资造成负面影响。

三、政策建议

促进工业投资、保持工业投资增速在合理水平，十分紧迫而必要。要立足当前、着眼长远，采取综合性措施，有效引导工业投资预期，营造鼓励资本投向工业领域的良好环境。

第一，完善支撑实体经济高质量发展的宏观政策体系。综合运用多种政策工具引导各类要素和资源向工业领域汇聚，有效防止资金投向脱实向虚，提高工业整体投资回报率，振奋社会投资工业项目的信心。

第二，开展工业改造升级行动。研究制定工业改造升级规划，组织开展新一轮工业改造升级行动，补短板、挖潜力、增优势。重点支持补足“基础元器件、基础材料、基础软硬件、基础工艺”等突出短板，突破“工业母机、高端芯片、专用装备、智能制造、工业互联网平台”等瓶颈制约。鼓励以信息化、智能化为杠杆培育工业新动能，大力发展一批战略性新兴产业集群。推动运用互联网技术对传统产业智能化改造，推动产业技术变革和优化升级，推动产业链再造和价值链提升。

第三，研究制定税收优惠政策。结合产业发展需要，对运输设备、专用设备、电子信息等增值税留抵税额占比较高的行业，出台当期留抵税额退还政策，减少企业资金占用。允许企业将利息支出作为增值税的进项税额进行抵扣。进一步完善专用设备投资抵免政策，将零部件更换、设备改造等也纳入抵免范围，激励企业加大设备升级投资力度。

第四，加大金融支持力度。引导金融支持向高技术制造业倾斜。适当加大抵押补充贷款（PSL）、中期借贷便利（MLF）等工具的定向投放，重点支持战略性产业和领域。加快推广知识产权质押、应收账款质押等贷款模式，积极发展供应链金融，缓解企业融资压力。

第五，深入推进工业领域“放管服”改革。进一步降低制度性交易成本，优化工业企业营商环境，释放工业投资活力。探索推行企业承诺制、容缺预审、容缺后补等方式。大力推广“零土地”技改项目简易审批流程，增加地方“先建后验”工业项目用地审批权限。整合精简中介服务环节，细化审评审批和中介服务标准，全面推行“多评合一”“并联审批”。推广产业园区进行环评、能评等区域性整体审批，符合条件的工业项目无须重复评估。

三、专家建议和国际经验借鉴

经济运行存在的突出问题和相关政策建议

——经济形势系列座谈会观点综述

马志刚　李宏军　潘国俊　陈黎明　李钊　王敏瑶
王晓丹　张凯竣　王若阳　袁鹰

为准确研判经济形势、了解各方面对2019年经济政策的意见和建议，2018年10月中旬，我们连续召开财税、金融、投资、消费、行业协会、国有和民营企业、市场投资机构等8场专题座谈会。与会者对当前经济面临的新形势新情况新问题进行了深入讨论，对下一阶段和2019年经济工作提出了一些值得重视的意见和建议。现将座谈会主要观点综述如下：

一、关于宏观经济形势

与会人士认为，当前我国经济总体平稳，经济结构转变、发展新动能快速成长等是突出亮点，但2018年三季度经济形势和下一步走势令人忧虑。有企业负责人和专家认为，2019年可能是近10年来形势最为复杂严峻的一年。

国内需求趋弱态势明显。有专家测算，目前投资增速已降至

GDP增速以下，2018年投资增速预计在5%左右，而2019年要实现GDP增长6.5%，投资的实际增速应在6.8%左右。有不少同志认为，地方债“开前门”和“堵后门”体量不匹配，如果不采取特别措施，基建投资疲软状态难以改变。大家对消费放缓也普遍忧心。汽车工业协会分析，2018年汽车行业出现了利润增长大幅低于主营业务收入的现象，乘用车已连续3个月出现产销同比下降，9月份更是下降超过10%。

企业特别是民企困难加大。与会人士对融资难融资贵反映比较集中，认为各种融资渠道都受到压缩的情况是多年少有的，不仅中小微企业，甚至一些大企业、好企业都面临较大融资困难。大家认为，加强监管有利于防范和化解金融风险，是完全正确的，但具体执行中的一些方式方法让企业“受不了”，相关配套措施没跟上。比如，压缩非标融资渠道是必要的，但正规融资供给没有及时跟上，导致总体信用环境收缩。某行业协会对纺织企业的问卷调查显示，60.6%的企业认为国内融资环境并未改善，30.8%的企业认为融资更加困难。

区域行业企业分化出现新走向。从区域看，东部地区大部分省份一些主要指标下降明显，上海市规上工业总产值从2018年6月份开始同比出现负增长且降幅逐步扩大；中西部省份经济下行压力相对较小，但结构性矛盾突出，东部地区增速下滑影响有通过产业链向中西部传导的苗头。从行业、企业看，上游行业企业营业收入和利润较快增长，总体好于中下游；新兴产业企业、科技型企业成长较快，总体好于传统产业企业；国企与非国企表现分化，国企去杠杆、利润增长较快，民企加杠杆、利润下滑明显。

二、关于2019年宏观政策取向

大家一致认为，鉴于2019年形势将更为复杂严峻，预期目标和相关政策应适当调整，以争取主动。

*宏观预期目标设置要有足够弹性。*一些专家认为，各项经济指标的相关关系可能会出现较大变化，经济增长、金融等预期目标的设置要有足够弹性并动态调整。有专家建议将GDP增长预期值先设定在6%—6.5%区间，每半年动态调整更新。

*财政政策要发挥更大作用。*不少同志认为，在经济下行压力加大情况下，财政政策要在宏观调控中发挥主导作用。有专家建议适当扩大财政赤字，赤字率可从2018年的2.6%提高到3%甚至更高一些。地方的同志建议增加2019年中央预算内投资规模，大幅增加地方政府专项债券发行规模，以缓解基础设施投资资金不足困境、改善社会投资预期、引导民间投资。西部省份的同志建议，明年应重点加大对西部基础设施建设的支持力度。

*货币政策要以解决实体经济融资难融资贵为着力点。*有专家认为，去杠杆已取得明显成效，2019年应在继续完善相关举措的基础上，及时转为“稳杠杆”，适度增加“好杠杆”。几位企业负责人和专家认为，2019年货币政策的首要任务应是支持经济运行保持在合理区间，如果一旦滑出合理区间，金融风险隐患会“水落石出”。有专家提出，2018年对广义货币M_2、社会融资规模增长速度仅有定性要求、没提量化指标，是导致今年融资难融资贵的一个重要原因，2019年对这两个指标应提出预期增长目标。

三、关于减税降费

多数同志认为，这些年减税降费有成效，但仍有较大空间，有必要出台更大力度的减税降费政策。

企业对减税降费感受不同。大企业获得感较强。一家大型国企表示，2018年1—9月上缴税费同比减少9.7亿元，占营业收入比重同比下降0.5个百分点。另一家纺织服装企业也表示，全面推开营改增试点以来，增值税负担下降，同时出口退税增加，退税进度加快，减少了集团资金占用。但相当多的中小企业和民营企业获得感不强，一些甚至认为减税变成了对民营企业的“规范性加税”。全国工商联调查显示，有45.5%的民营企业上缴税收同比上涨，39.8%的民营企业呈持平态势。大家分析，原因是多方面的。比如，一些中小企业税负提高，是因为以前没有按法定税率足额纳税，目前盈利能力下降，税负承受能力也下降，加上税收征管加强，企业痛感明显。中介服务、行业协会商会等收费项目多、标准高，名义上是自愿的，实际上企业没有议价能力，只能被动缴费。

实施更大规模减税降费。多位专家和企业负责人认为，减税降费力度要足够大，零敲碎打式的减税降费实际效果打了很大折扣，企业为获得少量税费优惠需付出较大的制度调整成本，降低了获得感，也不利于稳定预期。明年应结合税制改革，出台一揽子强有力的大规模降税措施。对于降增值税，要重点瞄准制造业，着力降税率，实施期末留抵退税。有专家和企业负责人提出了两种方案：方案一，各档税率适当下调，确保各行业税负普遍下降，避免行业攀比，这个方案易协调、好出台。方案二，三档并二档，并调整税率，这样有利于缓解低征高扣、高征低扣现象，但难度很大，行业增减税将明显分化，短期内对经济影响过大，风险可能难以管控。对于进一步减轻小微企业税负，有的建议对符合条件的小微企业采用单一的综合征收率。对于降费，许多同志提出要继续清理规范政府性基金和行政事业性收费。地方的同志建议，对部分国家制定的政府性基金和收费项目，允许各地根据实际情况停征或减免相关收费。

降低社保费应普遍性降费与结构性降费相结合。与会人士都拥护2019年社保费征收机构改革要与降低费率同步推进的举措。多数同志认为，大中型国有企业、外资企业等一般是按实际工资额缴费的，但中小微企业很多是按低于实际工资额或最低工资额缴费的、远低于名义费率，如果采取普遍性降费方式，哪怕是多降几个点，中小微企业的实际负担会增加。他们建议在普遍性降费基础上，再实行针对小微企业的降费措施即结构性降费。同时对缴费确有困难的企业采取减免或缓缴措施。

四、关于企业融资

与会人士认为，2019年应在防风险的同时，切实在解决企业融资问题方面采取大的举措，否则经济难以稳定。

解决“融资难”问题尤为迫切。有地方同志呼吁，相较成本而言，解决资金可得性问题更为关键。先要解决“有没有”的问题，再解决“贵不贵”的问题。多位商业银行负责人建议适度弱化商业银行小微企业贷款的融资成本考核要求，允许在保本微利的情况下以量补价，让利率充分反映供求；适当下调存款准备金率、拨备覆盖率、拨贷比、杠杆率等，调动银行放贷积极性。某省金融办负责人建议从“管信息、管机构、管人员”着力，加强企业信用体系建设。有专家认为，解决中小微企业融资问题，还是要加快发展小型商业金融机构，现在对小银行等金融机构审批速度太慢了。

抓住机遇加快资本市场的基本制度建设。有市场人士呼吁“不要虚度熊市”，应抓住当前市场估值较低、市场期盼制度创新和改革的有利时机，加快推动资本市场基础性制度改革。多位市场人士建议，保持IPO政策的稳定性和连续性，改革新三板交易制度并降低投资者门槛，充分发挥其融资功能，更好支持供给侧结构性改革。

五、关于简政放权等改革

地方、部门和行业企业普遍认为，近年来重审批、轻监管、弱服务的状况总体上有较大改善，但有些一直强调的老问题仍然存在，还有些新问题、新变化也对营商环境构成了负面影响。

部分领域审批过于严格僵化。某协会反映，目前教育、医疗等领域的经营资质或牌照申请难度大、周期长，同时，对一些希望在该领域提供信息服务的互联网企业来说，申请所要求的条件既不适用也很难达到。多家企业反映，在办理互联网、文化游戏、生物医药等经营许可时，要求对企业外资成分进行穿透式核查，无论哪一层有外资，无论外资比例大小，甚至有的外资股东其实是在香港上市的内地国有企业，都难以获得许可。

一些已取消的行政审批反弹回潮。某地一家监理公司反映，人防资质和工程项目管理资质早已于2014年取消，但2017年又恢复。住建部要求取消部分工程从业人员资格，但当地变相不执行，企业还必须参加住建委举办的培训班才能拿到资格。

地方保护以多种形式卷土重来。一些企业反映，有的地方以专家库、信用排名等方式把外地企业拒之门外，企业不参与当地项目就进不了库、参加不了排名，但不进库、不排名又拿不到项目，陷入“死循环”。有的地方要求在当地承接建设项目、销售产品必须在当地注册企业。还有的地方限制企业外迁，否则就要进行税务等一系列检查，能把企业拖死。

一些地方政府失信行为影响企业信心。根据全国工商联提供

的万家企业评营商环境调查结果，部分地区存在政府失信行为，企业投诉无门。比如一家新能源公司2014年为某地建设河体景观工程，总工程款额1.1亿元，到现在只收回了2000万元。不少企业表示，以后再不做向政府要钱的项目了。另外，有些PPP项目缺乏公平性，民营企业股权地位不平等、预期收益不明确。

监管执法随意性仍然较大。有同志反映，有的制鞋产业园区一年接待的各种执法检查就超过200次。东部某市一家企业反映，去政府机关办事态度明显好了，但摄像头之下的服务态度与没有摄像头的现场执法差别较大，有些到企业执法的人员态度不好，处罚随意性大，经常是以罚款为目的。

六、关于基础设施投资

许多同志认为，2019年稳定有效投资的难度极大，如果在资金方面没有大的举措，基础设施投资将大受影响。

影响投资最突出问题是资金来源问题。大家普遍反映，近期出台的规范金融机构资管业务等监管措施和防范化解地方政府隐性债务风险等问责措施是正确的，但在实际执行中存在着具体业务、项目、政策和责任边界不好把握等问题，银行放贷更趋谨慎，其他融资渠道急剧收窄，导致在建项目出现资金缺口、新建项目资本金严重不足，部分中西部省份陆续暂停政府投资类项目建设，一些地方甚至动用项目资金来偿还债务。

继续扩大中央预算内投资规模。投资增速持续下降与市场预期偏负面有很大关系。许多同志认为，增加中央预算内投资规模，除了有保障重大项目作用外，还能释放积极信号，增强投资信心。

大幅增加地方政府专项债券发行规模。2018年地方政府专项债券发行规模为1.35万亿元，占基础设施融资需求的20%左右。与会人士建议，2019年地方债“前门”开得应足够大。有同志建议，2019年地方政府专项债券发行规模应不低于1.5万亿元，还有专家提出不低于2万亿元。还有同志建议，要督促地方建立专项债券项目安排协调机制，确保专项债券早发行、早使用。有专家建议，在2018年第四季度就预先安排2019年专项债券，确保2019年一季度就能使用。有地方还建议，在分配专项债券额度时，除了考虑债务水平外，还要充分考虑中西部地区发展实际，充分考虑在建项目资金需求。

多渠道补充项目资本金。不少地方反映，新项目资本金严重缺乏，已成为制约基础设施建设投资的最大瓶颈，能不能想办法“开口子”，把目前各类债券资金不能充当资本金的规定改一改。有同志建议，将地方政府新增发债规模的一定比例（如20%—30%）用于补充资本金。还有专家提出，对一些具有长期收益的项目，适当调低资本金比例甚至取消资本金。

保障项目合理融资需求。针对当前建设项目出现的融资困难，有同志建议，鼓励通过发行公司信用类债券转化为合规的PPP等市场化方式开展后续融资，引导金融机构按照市场化原则支持融资平台合理融资。有同志建议，探索土地支持重大项目建设的有效途径；尽快明确必要在建项目的范围和标准，保障后续融资需求，避免资金断供、工程烂尾。

加大项目推进力度。地方和企业反映，有些重点项目开工率低、进展慢。有同志提出，要发挥好加大基础设施领域补短板力度协调机制作用，加快规划选址、用地、环评等前期工作，特别是聚焦工程设计管理体制和施工许可环节，大幅压减工程报建时间。地方、企业和专家建议，要健全滚动接续机制，加强重大项目储备；在交通、油气等领域推介一批以民间投资为主、投资回报机制明确、商业潜力大的项目。

七、关于推动新旧动能接续转换

大家普遍认为，新动能成长较快是经济发展中的一大亮点，但一些制约新动能发展的体制机制因素仍然存在。

创新机制加大关键核心技术攻关。大家认为，现在我国在一些技术领域已取得局部突破，再给一段发展时间必能上一个大台阶，要继续实施强有力的支持政策，将优势民营企业纳入关键领域技术研发和参与国家重大科技项目体系，组建国企民企创新联盟，采用招标、揭榜挂帅等方式组织项目。

创新支持企业技术改造方式。目前技改资金主要还是采取补贴或奖补企业（项目）的传统方式，缺乏普惠性政策，也缺少对面向行业、面向产业集群的技术改造公共技术服务平台支持。80%以上的民营企业反映，在设备工艺改造、产品设计研发、质量检验检测等方面没有得到过公共技术平台服务。有专家建议，转变支持方式，从直接支持企业和项目为主向注重支持平台、解决方案供应商等第三方转变；从选择性政策向普惠性政策转变；从事前补贴向事后奖补转变。在土地政策方面，对企业技术改造用地实行过渡期政策，优先保障搬迁入园批量改造用地。

综合施策推动创业投资健康发展。创投（包括天使、风投、PE等）在我国才有20年的历史，但一直保持快速发展势头，2017年有1.4万多家机构、管理资本规模近9万亿元，对支持创业创新发挥了重要作用。与会创投机构反映，当前我国创投行业发展困难重重、举步维艰。在监管方面，用类似于公募基金的管理方式监管私募基金，备案流程繁琐、过程冗长，信息披露要求过多过细。在税负方面，按照项目而非将创投基金作为一个整体征收所得税，有的单个项目虽然盈利但基金整体亏损，导致税负较高。同时，创投企业的股权投资不属于商品流转，缴纳增值税也受到行业质疑。在退出方面，创投基金股东减持限制条件不合理，项目退出时间长。他们呼吁，一要完善支持创业投资发展的税收体系；二要优化上市公司创投基金股东的减持规定；三要对不同的基金管理机构进行差异化监管，放宽金融机构、国有企业和上市公司对创投机构的出资限制。

对政府引导资金进行市场化运作。为支持创业投资发展，一些地方设立了政府引导基金，但部分基金过于看重规模，投资范围要求过窄，没有采取市场化运作，影响了引导基金实效。多位专家和创投机构负责人建议，由市场化投资机构管理政府引导基金，充分发挥专业化机构的管理运营优势。

大力促进新技术国产化应用。有行业协会提出，对于推动新技术研发应用而言，给钱不如给政策，给政策不如给订单。建议取消进口机电设备关税减免政策等“超国民待遇”，为国内外企业营造公平竞争的市场环境。通过首台套、首批次保险补偿机制，加大对创新性基础产品应用的支持力度，研究建立军购、首购等制度措施。

八、关于扩大消费

2018年以来我国消费增长总体呈现趋缓态势，但消费仍有较大增长潜力。

高品质、个性化、多样化消费旺盛。据一家零售平台大数据分析，不存在所谓的“消费降级”问题，相反智能型、体验式、高品质生活类商品成为当前消费热点。2018年“天猫618购物节”

期间，自动洗菜机销量比去年同期增长23倍，自动扫地机器人单日销量峰值增长1092倍。

*收入水平可支撑的消费增长潜力大。*有专家测算，2017年我国GDP总量相当于美国的63%，但居民消费总量仅相当于美国的35.3%，人均消费支出仅为美国的1／12。美国居民教育文化和娱乐类支出约1.45万亿美元，我国仅5000多亿美元。按照与经济总量大致匹配，我国居民整体消费规模仍有较大提升空间。

*高质量产品和服务供给严重不足。*我国服务消费已占到居民消费的一半以上，且呈现快速增长势头。但统计指标上仍然主要用社会消费品零售总额来代表，已经反映不了这一现实变化。与会人士认为，当前巨大的消费需求与高质量产品服务供给不足矛盾依然突出。一方面要提高一般消费品和服务质量，另一方面，要培育中高端消费市场，着力补齐产品和服务质量标准的短板。

*消费市场准入和监管仍需进一步改革。*有专家和企业负责人认为，部分服务行业开放程度不高，监管体制机制不适应新兴消费发展。建议进一步放宽服务领域的市场准入，推广服务业扩大开放综合试点经验。坚持包容审慎监管，比如可以取消网约车车价、轴距等不合理限制等；简化线上线下一体化商业新模式的审批程序，缩短审批时限。同时，加强新兴业态、智能产品等重点领域的法律、标准建设。

*通过降低消费品税率来降低基本消费成本。*我国食品农产品等生活必需品的增值税税率高于发达国家，英国、德国、韩国等国家适用优惠税率甚至免税。有专家建议，下调日常生活用品增值税税率，比如将食品、饮料、农产品、图书等增值税税率由10%下调至6%，并可探讨适用零税率的可行性。

九、关于政策制定和执行中的问题

与会人士普遍认为，当前在政策的科学制定与合理执行方面还有不少问题，有的给经济正常运行带来较大负面影响。

一是一些政策内容难落地，应加强统筹协调完善相关措施。有的是政策之间相互“打架”，比如2017年有关部门出台指导意见鼓励事业单位专业技术人员离岗创业，但执行时与《事业单位人事管理条例》等法规存在直接冲突，让事业单位领导和科研人员存在较多顾虑。有的是文件缺乏配套细则，比如防范和化解地方政府债务隐形风险的意见明确提出，对必要的在建项目给予支持，但没有哪个权威部门对“必要在建项目”的范围、划分时点、标准、后续融资模式等给予具体说明，地方政府和银行就不敢再做了，导致不少“半拉子”工程。大家建议，新政策出台前应做好与既有政策的相容性检查，进行必要的修订废止，加强部门间协调配合，及时制定配套办法，形成政策合力。

二是一些政策调整“急转弯”，应做好预期引导保持连续稳定。不少企业反映，一些政策制定过程中没有充分征求有关方面意见，引发市场剧烈震动。几位企业负责人和全国工商联的同志反映，由于光伏某“新政”出台前毫无征兆，造成企业措手不及，很多在建项目投资打了水漂。汽车工业协会反映，有些地方制定提前实施国六排放标准的政策，没有给企业留出必要的升级改造准备时间，一方面造成很多企业无车可卖，另一方面导致标准切换节点前大量“老车”被“甩库”销售，扰乱了市场正常秩序。大家建议，新的政策出台应严格遵循有关决策程序，充分征求各方意见，留出适当过渡期，以便相关主体充分消化缓冲。

三是一些政策执行“一刀切”，应坚持实事求是精准施策。

许多同志表示，近几年在财政、金融、环保等方面出台了一系列严监管政策，其防范化解风险、推动绿色发展等出发点是好的，但具体执行中存在简单化、机械化的问题，有的地方和部门为求免责自保还层层加码、过度从严。全国工商联反映，在环保督察中有些地方为了达标，对涉及钢铁、水泥等行业的企业不分青红皂白一律先关停。有纺织企业提出，现在一提印染，基本不给环评，即使改造升级也不行。一些地方反映，当地不少养殖户、养殖企业在环保督察中被取缔了，影响农民增收，群众意见很大。有投资公司反映，在一些P2P风险高发地区，对名字中带有“投资”“基金”等字样的企业全部暂停注册，这种政策加码“误伤”了很多合法合规的风投、私募公司。大家建议，要实施差异化、精细化监管，避免监管叠加共振，对一些错误做法及时纠偏。

外国专家对2018年政府工作的建议

苑衍刚　郑真江　许金华

2018年2月4日，国务院研究室和国家外国专家局共同召开外国专家建言座谈会。来自美国、德国、英国、澳大利亚、以色列、瑞士、日本等的13位专家，就推动经济高质量发展、数字化制造与工业互联网、金融科技与金融监管、金融改革与金融开放、创新型人才与创新机构、企业家精神、核电开发利用、“一带一路”国际合作、公司治理与国企改革、应对老龄化与养老保障等问题，提出了许多有价值的意见建议。现将外国专家主要观点报告如下。

一、关于中国经济高质量发展

专家们在对“中国发展的奇迹”表示钦佩的同时，也指出了经济转型升级中需要重点关注的问题。

一位英国专家认为，从传统行业迈向先进行业，必然打破原有经济结构和体系，造成短期失衡。20世纪70年代，英国经历了去工业化、再工业化的过程，制造业占GDP的比重在下降，服务业占GDP的比重越来越大，一些采矿、钢铁、造船等行业出现高失业率，而先进制造业由于科技含量增加，人力需求也在下降，对社会发展产生深远影响。中国应从英国工业发展进程的成败得失中吸取经验教训。如何促进经济走向新的平衡？一要采取措施减少市场准入的障碍，放松管制，优化营商环境，让新企业有效进入市场。二要保障公平竞争，确保私营部门能够与国有企业享有同等的获取资源机会。三要开放自由贸易，使本国企业在与国际企业竞争中成长。四要提供政府性支持，以减轻企业负担，帮助传统企业更好实现转型发展，推动新产业新业态新产品不断涌现。尤其要加强对研发、培训技能及基础设施等方面的支持，帮助更多企业实现创新发展。但这种支持应当是普惠性的，而不仅仅针对某些特定公司。五要在政府干预的时候确立明确的规则框架，避免对市场的指导过于混乱。一位德国的企业家认为，高质量的产品需要广泛的核准、做各种各样的测试，这就需要事先明确监管重点和标准，企业才能制定战略和规划。临时的监管变化不仅会大幅增加研发成本，而且会延迟创新。稳定可预期的监管措施可以缩短创新周期，使政府、企业、社会获得更多经济回报。

一位诺贝尔经济学奖得主认为，要使供给体系更具适应性和创新性，就不要采取措施保护现有企业不受竞争威胁，而要鼓励具有更优理念的新企业进入并获得市场份额，他们将带来整个行业的创新发展。从2016年开始，中国政府通过市场出清调整了供需关系，全要素生产率增速出现了由降转升的拐点。今后要更多发挥人和各类市场主体的能动性和创造力，鼓励大众创业创新，使之成为经济增长的主要动力。有位德国工程院院士强调，人既是消费者也是创造者，中国已经出现了个性化多样化需求快速增长的局面。推动经济高质量发展，既要适应市场变化，加快创新创意，又要提升人力资本素质，大力发展高质量教育。一位图灵奖获得者指出，高质量发展需要大批高素质人才，中国大学尤其是本科生教育质量亟须提高。一些大学过于看重项目申请、发表论文等，忽视了“教育培养下一代”的使命，老师们没有足够时间开发课程。建议对大学教学水平和专业质量进行第三方评估和国际评估，并以此作为对学校和校长测评的重要指标。

二、关于数字化制造与工业互联网

与会的一位德国工程院院士认为，当前制造业面临两个挑战，第一个挑战是产品的复杂性越来越高，个性化产品越来越多，产品走向市场的时间越来越短，产品的生命周期越来越短，设备配置时间也越来越短。第二个挑战是如何更好地提高资源的使用效率，产生更显著的经济效益。这需要大力发展智能制造、数字制造等先进制造业，建设全系统、全产业链、全价值链的工业互联网。一是构建更加灵活、可重塑的“开发生产系统”，采取模块式、人工智能的生产方式，推动研发生产设备的配置和调整的便利化，以支持个性化产品快速增长的市场。二是构建能源资源高效利用和精益生产系统，推动产品结构的轻量化（如利用碳纤维化合物等新材料）、减量化和循环化。工业4.0是一个完全不同于3.0的超级平台，是推进器和发动机，可以做许多以前做不到的，可以帮助构建模块式的生产体系，适应产品和生产系统的个性化复杂性提高的需求。另一位专家认为，先进制造离不开智能制造、数字化生产、人工智能。未来所有的制造业都是围绕数字化的，生产率提高需要实现数字化，缩短生产流程也需要数字化。未来的制造是一体化的，所有商业流程、产品、服务都需要互联互通。宝马公司愿意为“中国制造2025”和“互联网+”作贡献，但我们需要强有力的合作伙伴、世界一流的供应商。多位与会专家都认为，中国需要加强产学研合作，共同开发应用先进技术，提高产品质量，借鉴利用“双元制”等模式培养IT、工程技术等职业教育人才。目前大学、科研机构还没有与业界形成紧密结合。

三、关于金融科技和金融监管

一位普林斯顿大学教授提出，当前大数据、互联网、人工智能、云计算、区块链等技术推动金融模式变革，产生大量新金融业态，给金融业监管带来新的挑战。目前世界各国对金融科技监管还没有形成统一的行业标准，既不利于金融科技发展，也带来风险跨行业传递等潜在隐患。他认为，近年来中国金融科技发展迅速，互联网金融交易规模和频度几何式增长，移动支付领域遥遥领先，从2012年的上万亿元发展到2017年150万亿元。据调查，中国对金融科技的行业接受度是世界最高的国家之一。近年来中国在网络借贷、网络支付、数字货币等方面采取了一系列监管措施，但尚未建立起与庞大市场和金融科技发展相适应的金融监管体系，监管手段比较单一，市场对金融科技的追捧缺乏理性，风险有所聚集并日趋积累。

这位教授指出，英国鼓励金融科技创新，对金融科技监管相对偏松，允许在可控环境中对新产品、新服务进行真实性或虚拟性测试。美国对金融科技监管偏严，要求金融科技公司无论以任何形态出现，所涉及的金融业务都必须纳入金融监管体系。中国可以把两者结合起来建立自己的机制。他强调，现代监管不仅要在监管理念上，更要在监管技术上有所转变，由“FinTech”（金融科技）拓展到“RegTech”（监管科技）。监管机构要主动应用新技术进行有效监管，如利用算法模型提高合规风险监测的自动化程度，利用人工智能在大规模交易监测、反洗钱、降低合规成本等方面进行创新管理，利用区块链技术在开放架构下强化安全技术机制和去中心化管理，利用大数据进行全方位监管分析、追踪金融机构全链条业务等。他建议，一是研究建立中国金融监管科技标准体系，二是建立中国金融监管数据信息共享平台，三是倡导建立国际金融监管数据交换机制，四是倡导建立国际性金融科技新联盟，提升监管科技水平，维护金融安全。

四、关于金融体制改革和金融业对外开放

一位以色列专家指出，金融改革开放没有现成的教科书可以参考。20世纪80年代智利、阿根廷、巴西等一些国家推进金融改革开放过快，希望“一步到位”，但最后都失败了，花了很多年才走出困境。当然，走向基于市场、开放的货币金融框架这一目标是毋庸置疑的，如灵活的汇率制度和资本自由流动，有利于引进新技术新思想和更多外资，有利于增强国际社会信心。金融市场开放要着重把握两点：一是要健全金融体系。如果在金融机构脆弱的时候进行汇率自由化或开放资本账户，肯定会带来风险；二是要保持开放进程，但不能制定开放时间表。他认为，中国金融改革开放的目标是清晰的，采用了渐进方式，也采取了非常聪明而又全面的措施，进步令人赞叹。当然也面临重大挑战。

这位专家对中国金融改革开放提出了三点建议：一要防范金融风险，保持金融基本面稳定。一些企业尤其是国有企业债务增长过快，造成信贷激增，加大了杠杆水平。有的公司在国外发债或者以外币方式借债，容易面临外汇风险冲击。必须采取新的激励措施和奖惩措施，防止市场误认为政府会对所有人救助。

要采取重组等方式解决金融机构坏账问题，改革完善财政制度。二要在政府采取措施时加强与市场和公众的沟通。在金融开放过程中，政府有时不得不采取一些可能偏离长远目标的短期措施来应对紧急状况，避免市场剧烈变化。如中国政府2015年面对人民币贬值、资本大规模流出，采取了一些限制性措施，确保金融市场稳定，虽然看起来与资本自由流动目标相悖，但这是完全合法正当的。这时就需要与市场建立良好的沟通对话机制，加强预期引导，特别要强调长期目标没有发生变化，避免市场认为政策摇摆，甚至整个开放目标发生了变化。三要抓住改革时间窗口。中国不能实行完全自由浮动汇率机制，风险太大，有可能出现资本错配、债务错配。拉美国家的案例告诉我们，市场投机总是难免的。要利用好机会窗口期，推进相关措施的落实。

五、关于创新环境、创新人才和新型研发机构

一位澳大利亚科学院、工程院院士认为，中国国家竞争力与经济发展水平还不匹配，从专利、科研论文、高端信息技术产品等方面的数量看已经很大了，但质量上还是美、日、欧占支配地位，应在创新环境营造上更加侧重如何实现从数量到质量的提升、从大到强的转变。有专家认为，应加强对创新人才的激励，提高独立思考能力。还有专家指出，中国最缺乏的是领军人才和学科带头人。“科技人才不等于行政管理人才”。科研人员常常科研行政两手抓，一心二用、精力分散，很难充分发挥自身才能。建议通过制度建设引导优秀科技人才安心从研，提高科技人才的社会认同。建设“双一流”是长期过程，不能搞“短平快”，关键看内涵，学科划分要严谨，软件硬件要结合，还要有一套行之有效的教学科研管理体制。“双一流”要与国际接轨，

提高创新人才培养的国际合作水平。

一位专家认为，要大力发展新型研发机构，这与大众创业万众创新高度契合。新型研发机构具有几个特征：世界一流的研发团队和领军人物、世界一流的研发平台、创新的激励与开放机制、健全的中外联合研发机制等，形成相对稳定的研发中心或机构。新型研发机构是产学研结合的范例，“学”是播种发芽，高校产生原创性成果；“研”是专业苗圃，专业研究所二次开发、中试放大；“产”是大树成材，企业实施产业化。因为从基础研究等科学到技术还有很长的路，需要提供中间研发支持，以产品开发、真正解决问题为导向的学和研更有针对性。目前中国新型研发机构发展很快，与“双创”结合好了，很可能引领世界潮流。

六、关于企业家精神与发展“第四产业”

一位美国康奈尔大学教授认为，现在越来越多的人对只追求金钱和利益的企业模式越来越不满意，社会型的企业家精神和社会型的企业是社会进步的产物。中国的企业家做慈善的方式与西方不一样，西方的慈善组织大多以个人命名，而中国的慈善体现集体主义，经常是几十名企业家共同做一项慈善工作。这是深深根植于中国社会和哲学当中的，根植于中国的儒家和道家思想的，宋代甚至明代的同善会就是典型代表。一项研究结果表明，近年来中国的党员创业者腐败率下降，对社会的回馈更多，党组织能够有效地把企业和员工联结起来。中国应发挥自身优势和传统，在培育企业家精神、完善新型组织形式、鼓励企业家从事慈善、发展“第四产业”、建立企业家协会等方面做更多工作，发挥更大作用。

七、关于“一带一路”国际合作

有专家指出，亚投行是第一个在中国的多边银行，去年被国际评级机构评为3A级，是世界领先水平的多边发展银行。亚投行的迅速发展给我们以启示，开放、包容、互利共赢的理念，高标准的治理体系和透明化的国际规则，能够帮助成员国和潜在成员国建立信心，这对推进国际合作具有重要借鉴意义。共建“一带一路”需要更加具体，建立在共同的规则、标准和保障措施基础之上，并不断积累共同解决问题的经验，才能使那些持怀疑态度的人转过身来。一位澳大利亚工程院资深院士认为，中国与其他国家共同拓展第三方市场，不仅在产品产能方面合作，更要加强创新和监管合作。中国很多产品有自己的认证标准，但在西方国家的认可度还不够，可以通过联合研发生产和监管机构合作，助推中国产品走出去。比如，澳大利亚和中国都有“蓝色经济”创新战略，双方应建立蓝色海洋伙伴关系，培育联合创新研究中心，加强标准化建设，加强知识产权保护，建立商业化的技术转移基金，推动企业之间和政府之间合作。有专家建议，“中国制造2025”与德国工业4.0战略对接，可以把重点放在标准合作上，共同探索建立模块化、可调试的生产系统，建设重大基础设施项目，吸引越来越多的“一带一路”沿线国家和公司加入。

八、关于提高公司治理和政府治理水平

一位瑞士洛桑国际管理学院教授强调，目前不管是经济还是社会领域，面临的挑战和复杂性都大大增加，提升公司治理和政府治理水平非常重要。《金融时报》有个报道提出，90%的董事会都是失败的，主要表现在能力和技术缺乏、战略误判、董事会与

所有者关系冲突等方面。西方企业的问题在于执行者介入太多、所有者介入太少。中国企业的问题在于所有者介入太多、执行者介入太少，董事会独立性太少了。中国早就有第一代创新型企业了，第二代创新型企业正在蓬勃发展，完善公司治理需要平衡好所有者和管理者的关系，实现高效的高管和独立的董事会结合，形成多元化决策结构。中国企业在进行海外投资和并购前，要充分考虑当地文化、人才、人脉关系拓展等风险，形成多方参与机制，消除政府干预嫌疑，实现有效整合。

九、关于中国核电发展

一位核电方面的专家指出，从现在到2040年，全球能源消耗将增长30%，清洁能源是发展重点。中国的核电发展很快，但占比较小。美国核电占总发电量的20%、法国占70%，中国只有不到4%。中国引进AP1000建成的山东海阳、浙江三门两个核电项目已经通过测试，很快会投入使用。无论从技术转让、制造业提升还是从能源开发、扩大就业等方面看，项目都是非常成功的案例。独立评估表明，AP1000可以应对所有安全方面的事故，包括像福岛核事故。目前美国有40多个内陆核设施，法国也有很多内陆核设施，而且安全、环境等方面记录都很好。虽然对核电还有一些不同声音，但核电在未来肯定有一席之地。建议双方加强核电合作，在确保安全的前提下加大核能利用力度。要不断改进技术，向公众加强核安全宣传，同时利用双方优势共同开发第三方市场。

十、关于应对老龄化和养老保障

一位日本专家认为，日本在1970年后逐步进入老龄社会，是世界上老龄化最高的国家之一。过去大多数老人在家中离世，随着经济发展，现在80%的人是在医院去世的。这就造成沉重的社保负担、医疗负担和巨大的政府开支。2006年日本政府开始推动在家看护和社区养老。推出了医疗保险和长期护理保险结合方式，40岁以上的人就要缴纳长期护理险，个人出资10%，政府出资90%。同时培育联合优秀医师组织，连续24小时提供护理服务，相关医疗机构也在提供老年看护服务。由于缺乏资金和人手，且保险费用无法长期覆盖，日本政府又推动社区养老互助服务，既帮助老人，又为有能力的老人提供一些工作机会和年轻志愿者岗位，也有利于培育邻里守望相助的社区文化。中国的人口规模是日本的十倍，老龄化挑战与日本在2000年之前是一样的。可以考虑采取加强公共保险，完善医疗保险、长期护理保险和养老保险等筹资机制，发展社区养老，健全家庭护理及家庭医疗服务等多种方式，给老年人高质量的生活提供更多支持和帮助。有专家认为，经济转型往往伴随着人口结构的变化，与老龄化相关的政府支出也必然越来越多。英国养老金支出占到公共财政支出的40%左右、占GDP的10%，每年养老金缺口超过550亿英镑，而且这部分开支还会随着人均寿命的提高持续增长，这对政府是一个沉重的负担。建议中国在延迟退休、控制老龄化成本等方面，推出更多前瞻性举措。

日本“黑字还流”计划及对我开展国际产能合作的启示

黄涛　包益红

20世纪80年代，日本经常项目盈余持续大幅增加，日元升值压力也不断加大。在此背景下，日本推出了“黑字还流”计划，带动了本国产业输出和资本输出。梳理总结“黑字还流”计划的经验教训，对我国具有一定的借鉴意义。

一、“黑字还流”计划主要内容

“黑字还流”计划是通过政府发展援助和商业贷款等渠道，使国际贸易盈余、外汇储备和国内私人资本重新流回发展中国家，以期实现平衡国际收支、促进对外投资、推动日元国际化和改善日本对外关系等目标。计划于1987年至1991年期间实施，共分为3期，金额合计约650亿美元（见表1）。

——从对象看，主要针对发展中国家特别是日本周边地区和国家，包括亚洲“四小龙”、东盟、中国等经济体。这既有日本倡导建立“东亚经济圈”以同欧美竞争的战略考虑，也与东亚国家劳动力、资金、技术、市场优势各异，产业互补性较强有关。

——从投向看，主要用于受援国石油、煤炭、天然气、钢铁、铜、锡、木材、橡胶等资源的出口产品基地建设，涉及纺织、轻工、机电、农牧渔、原材料等300多个项目，目的在于保障日本能源资源供应，带动日本企业和装备技术走出去。

表1　日本“黑字还流”计划

期次	时间	金额（亿美元）	具体措施
第一期	1986年9月	100	在世界银行成立日本特别基金，为发展中国家经济调整项目提供贷款支持
			向国际货币基金组织提供政府贷款
			参与国际开发协会第八项增资计划
			向亚洲开发银行“亚洲开发基金”第四次增资
第二期	1987年5月	200	对国际开发金融机构拨款，包括在亚洲开发银行设置“日本特别基金”等
			参与世界银行等的日元银团贷款项目，以及由海外经济协力基金直接提供援助性日元贷款
			增加向发展中国家的非约束性贷款
			日本进出口银行承销发展中国家在日本发行的日元债券，帮助发展中国家政府募集日本国内私人资金
第三期	1989年7月	350	日本进出口银行配合IMF和世界银行等，通过平行贷款、共同融资等向拉美债务国提供日元贷款
			日本海外经济协力基金提供援助性日元贷款
			向世界银行等国际开发金融机构提供资金支持或捐助

——从手段看，主要包括：（1）向世行、IMF等机构提供资金支持或设立日本特别基金；（2）国际开发性金融机构和发展中国家政府在日本发行日元债券；（3）日本进出口银行直接提供日元贷款，或配合世行等，以平行贷款、共同融资的方式提供日元贷款；（4）国内商业银行等参与国际开发性金融机构日元银团贷款项目；（5）日本海外经济协力基金提供援助性日元贷款。

——从筹资看，政府发展援助资金有30%来自无成本的税收，70%为从居民部门融入的低息资金，如邮政储蓄、国民年金、养老保险和发行国债等；商业贷款资金全部来自日本私人部门，通过商业银行存款、日本进出口银行发债以及外国政府和国际机构发行日元债等途径筹集。650亿美元资金中有460亿美元来自私人部门，占比约71%。

二、“黑字还流”计划取得的成效

在日本政府和企业的配合下，“黑字还流”计划起到了以下几方面的作用。

一是削减了贸易顺差，平衡了对外贸易。1986—1990年，日本货物贸易顺差从832亿美元降至522亿美元；经常项目顺差从781亿美元降至249亿美元，占国内生产总值的比重从3.9%下降到0.8%。同时，日本缩减了对美贸易顺差，美对日逆差部分转至其他东亚国家。日本对美贸易顺差从1987年563亿美元降至1990年411亿美元。

二是加速了产能输出步伐，推动形成“雁行模式”合作格局。1985—1990年，日本对外直接投资从64亿美元增加到508亿美元。通过把低端产业转出去、高端环节留在本土，日本占据产业链和价值链的高端，推动形成了以自己为“雁首”、亚洲四小龙为“雁身”、东盟和中国为“雁尾”的产业格局，获取了巨大海外发展红利。

三是推动了日元国际化，为日本对外贸易和投资创造条件。1980—1992年，以日元计价的出口占日本出口的比例从25%左右上升至40%，以日元计价的进口占比从约2%上升至17%；日元债券在国际债券市场的占比从4.8%上升至13%左右，日元在国际外汇储备中的比重从4.5%升至9%左右。日元国际化程度的提高，减轻了汇率波动对日本企业国际化经营的影响，也提升了日本国际金融地位。

三、对我国的启示与借鉴

他山之石，可以攻玉。我国应不失时机，注重本币优先，创新投融资机制，形成人民币国际化与国际产能合作相互支撑的格局。

第一，推进区域经济共同体建设。国际产能合作实质是构建互利互惠的产业链、价值链。从地域看，产业转移的目的地应是与我错位发展、优势互补的发展中经济体。从产业看，转移重点是在国内已经或即将丧失比较优势的产业，是加工组装环节“局部搬迁”而不是“整体搬迁”，研发设计、关键生产、销售结算等环节留在国内。

第二，完善走出去金融服务体系。（1）加快境外金融机构布局。产业走出去离不开金融走出去，日本黑字还流就是如此。建议简化国内相关审批手续，鼓励我金融机构走出去，为中资企业提供贴身服务。（2）健全适应国际产能合作的投融资机制。抓紧设计与国际产能合作相匹配的人民币信贷、基金、保险产品，扩大对外贸易、经济合作以人民币计价。

第三，保持人民币汇率在合理均衡水平上的基本稳定。国际产能合作项目周期长、资金大，但目前使用人民币结算的比重很低，仍以美元等外币结算为主，需要稳定的汇率支撑。建议增强人民币汇率双向浮动弹性，释放人民币汇率稳定的信号，避免形成人民币单边升值或贬值预期，为扩大人民币在国际产能合作中的运用营造良好环境。

第四，遏制企业盲目无序竞争。日本企业走出去的一条成功经验是，发挥政府和商会的作用，引导企业抱团式发展。近年来，我国大幅放宽境外投资前置审批、取消对外承包工程经营资质许可、对外承包工程项目投（议）标许可，可以参与国际产能合作的企业猛增，规范走出去企业秩序成为日益重要的课题。建议放管结合、加强事中事后监管，完善相关国别产业规划，加强相关立法工作，修订《对外承包工程管理条例》，完善处罚手段、提高处罚标准，同时注重发挥商协会自律协调作用，引导企业有序走出去。

跨越“中等收入陷阱”的镜鉴与思考

——巴西、阿根廷、智利三国调研报告

刘应杰

2018年9月，我们组团到巴西、阿根廷、智利三国进行调研，主要了解和研究这些国家在经济转型升级和跨越中等收入陷阱过程中的经验教训，与政府有关部门、智库、中国驻外机构与企业等进行座谈交流。总的感受是，这三个国家在拉美国家中具有代表性，经济社会发展水平位居前列，与中国处于大体相似的发展阶段，但发展势头不如中国，长期徘徊在中等收入国家与高收入国家之间，过早去工业化和过度城镇化带来了许多矛盾和问题，发展与稳定都受到很大制约。三国在现代化过程中经历的曲折、面临的挑战和实施的政策，对于正处在从中上收入国家向高收入国家跨越关键阶段的中国来说，提供了一个值得参照的样本，可以获得许多有益的借鉴和启示。

一、从“经济奇迹”到“发展瓶颈”

我们抱着很大的兴趣前往这三个国家，原因在于这三个国家

与中国相距遥远，发展水平较高又充满矛盾，具有特殊的地理、历史、文化和民族风情。阿根廷、巴西、智利被称为南美ABC三国，三国面积占南美洲68%，人口占62%，经济总量占75%。特别是巴西作为世界大国，面积、人口和经济总量占到南美洲的一半左右。三国在南美乃至拉美地区都有着举足轻重的地位和影响力。

这三个国家拥有得天独厚的自然秉赋，气候温和，资源丰富。巴西格外得到大自然的厚爱，巴西人常说："上帝是巴西人。"全世界最大的平原亚马孙平原占到全国面积的三分之一，优质的铁矿石产量占到全球的20%，石油储量大，牛肉、大豆、咖啡、蔗糖等出口量稳居世界前列。阿根廷被称为"白银之国"，银、铜、铁、铀、铍、石油等资源丰富，潘帕斯草原占到全国面积四分之一，肉类、大豆、玉米、小麦出口量大，被誉为"世界的粮仓和肉库"。智利被称为"铜矿之国"，铜矿储量和产量均为世界第一，林木、渔业资源丰富。有人说："南美人得到上帝的厚爱，不干活也饿不死、冻不着。"意大利航海家亚美利哥·韦斯普奇发现巴西时说过一句话："如果地球上真的有天堂，那么这个天堂离这里不会很远。"

这三个国家作为西班牙、葡萄牙的殖民地，19世纪初独立以后，经济社会获得了快速发展。到19世纪末，阿根廷已跻身世界十大富国之列，大量出口牛肉和粮食，人均收入与欧洲国家不相上下，首都布宜诺斯艾利斯被称为"南美的巴黎"，在欧洲的许多城市人们形容某人腰缠万贯时，常说"他像阿根廷人一样富有"。与经历两次世界大战的欧洲相比，南美更显得和平稳定。这三个国家是世界上较早启动现代化的发展中国家。巴西在经济发展中曾经创造了"巴西奇迹"。1948年到1979年间，巴西国内生产总值平均增长率达7.2%，其中在1968年至1973年间，更是取得10%以上的高速增长。阿根廷在1950年时，富裕程度仍然领先于日本，与意大利、奥地利和德国不相上下。阿根廷人自夸是“一个没有穷人的国家”，曾被视为新兴工业化国家的代表，国际货币基金组织将其树立为“现代化样板”。

总体上看，这三个国家与世界上发展中国家相比，经济社会发展都达到了较高水平，接近于发达国家。巴西的圣保罗、里约热内卢都是世界名城，让人看到了大城市的气派和风光，首都巴西利亚以前瞻规划闻名于世。阿根廷首都布宜诺斯艾利斯保留了欧洲的古典风格，宽阔的七九大道、富丽堂皇的建筑显示了曾经的辉煌。这三个国家的城市化率都很高，巴西达到86%，智利达到84%，阿根廷高达93%。巴西工业基础雄厚，建立起比较完整的工业体系，农业和服务业比较发达，其支线飞机占到世界市场的75%。阿根廷也有较好的工业基础，综合实力较强，核能发达，科技先进，曾经产生过5位诺贝尔奖科学家。尤其是这三个国家社会发展惠及绝大多数群众，建立起包括免费教育和医疗、较好的养老、政府支持扶贫和救助等社会保障体系。

然而，他们的发展道路崎岖不平，伴随着军事政变和政治动荡，经济左右摇摆、上下起伏，始终徘徊不前。巴西、阿根廷经历几次经济危机，高通货膨胀，货币大幅贬值，债务负担沉重，经济长期低迷甚至出现倒退。1980—2017年，巴西经济增长不到1%，1980—1994年间，年平均通货膨胀率高达725%，最高时达到4000%以上，其中有14年通胀率高于100%，发行了6次新货币。进入21世纪后，巴西的改革和调整见到成效，经济出现新增长，成为新兴经济体，2011年巴西经济规模首次超过英国，成为全球第六大经济体，人均GDP达到12594美元，排名世界第53位，远高于中国排名第87位。但受到新一轮国际金融危机影响，经济又陷入衰退，人均GDP又大幅下降。阿根廷在20世纪60年代已经达到中等收入水平，几十年来经济在发展与危机中跌宕起伏。自1970年以来已经发生9次货币危机，1982年和2001年两次爆发了全面的债务危机，每一次都对经济造成巨大破坏，在危机中通胀率甚至达到天文数字，1989年通胀率曾高达4924%。2018年以来，阿根廷比索又出现大幅贬值，物价高涨，政府债务违约，被迫向国际货币基金组织借款500多亿美元。阿根廷经济在进步与退步中艰难沉浮。曾经有一部著名电影《贝隆夫人》，主题曲令人动情，名字叫《阿根廷别为我哭泣》。我们访问阿根廷一家智库拉美政治经济研究中心时，该中心负责人说："阿根廷处在前所未有的艰难时期，希望你们不要对阿根廷感到伤心和失望。"我们说："我们对阿根廷的发展充满希望，相信阿根廷的明天一定会更好。"

智利在这三个国家中相对较小，人口只有1800万，从20世纪70年代开始，实行市场化改革，稳定经济和货币，建立以个人账户为基础的完全积累制养老模式，经济走上稳定发展的道路，成为拉美地区率先从中等收入跨上高收入水平的国家。2010年智利正式成为经济合作组织（OECD）成员。2017年人均国内生产总值超过1.4万美元。智利成为拉美地区经济市场化程度最高和最开放的国家。

二、为何难以跨越"中等收入陷阱"

"中等收入陷阱"是指一个国家或地区在经济发展进入中等收入阶段以后，长期无法跨越而达到高收入水平。根据世界银行2017年公布标准，人均国民收入超过1005美元，即进入中等偏下收入经济体，高于3955美元进入中等偏上收入经济体，超过12235美元成为高收入经济体。拉美国家长期徘徊在中等收入水平，成为陷入“中等收入陷阱”的典型代表。

阿根廷早在1962年人均GDP就达到1145美元，巴西1975年人均GDP达到1144美元，分别进入中等收入水平。阿根廷2011年人均GDP达到12786美元，用了49年时间实现跨越，近年来仍然在边缘上下波动。巴西2011年人均GDP达到13167美元，近年受经济下滑和货币贬值又急剧回落，2017年人均GDP又回到9821美元。总体来说，阿根廷处在中等收入阶段长达49年，巴西长达43年，智利用了40年才实现了跨越。对照亚洲成功实现跨越的国家和地区，日本和新加坡为19年，韩国和中国香港为18年，中国台湾用了19年。1967年巴西人均GDP还是韩国的2.2倍，70年代中期两国差不多同时迈入中等收入国家，到1995年韩国已进入高收入国家行列。中国台湾1976年人均GDP达到1158美元，到1995年上升到13129美元，进入高收入水平。

为什么拉美国家长期处于中等收入阶段，而难于跨越“中等收入陷阱”？这是调研中一直萦绕在我们心中的问题。总结起来，主要有以下几个方面原因：

*一是政治动荡和社会不稳定。*拉美国家比较普遍面临政治和社会稳定问题。历史上曾多次发生军事政变，造成政府更迭频繁，具有左翼、中翼、右翼倾向的军人政府和文人政府都曾登台亮相。左翼上台执政，往往代表劳工利益，实施高福利政策，但又会加大政府财政赤字，入不敷出而造成债务危机。右翼上台执政，则要紧缩财政，抵制通货膨胀，又会影响到社会福利。巴西卢拉、阿根廷庇隆、智利阿连德等人，都是左翼的著名代表。民粹主义成为操控选举的工具，民众采用罢工、游行等激烈方式表达诉求。阿根廷在半个多世纪内，政府更迭多达29次，成为世界上罢工数量最高的国家，仅2017年就发生了778次罢工，其中53%

伴随游行抗议。政治的动荡和非规范运作，一方面难以形成政府强大的决策力和执行力，导致行政效率低下；另一方面又与腐败相联系，进一步降低了民众对政府的信任度，恶化了投资和营商环境。瓦加斯基金会是巴西的一家著名智库，巴西前驻华大使先生也参加座谈交流，他们都对中国发展取得的成就赞叹不已，而认为巴西政治的不稳定制约了经济发展。

二是国家宏观政策失误和摇摆不定。世界上跨越“中等收入陷阱”的国家和地区，一般都有一个权威和高效的政府，制定国家长远发展战略和政策，以有力的举措推动落实。而不少拉美国家恰恰缺乏这一决定性的条件，重大决策和政策处于左右摇摆之中，面临着“国家主导还是市场主导”和如何对待“民粹主义”的深刻矛盾。面对“政府失灵”带来的种种弊端，阿根廷由国家干预主义转向彻底自由主义，接受美国推荐的经济模式，实施“新自由主义”经济政策，对外资彻底开放和贸易自由化，这又导致外资自由进出，流动资金避险撤退加大金融风险，对外大量举债以弥补国内巨大财政赤字，最终造成国家债务破产和经济危机。巴西由过去的“进口替代战略”转向“出口导向型发展模式”，结果发现新自由主义的经济政策并没有解决发展的根本性问题，反而又带来新的更大问题。面对经济危机，只好又“头痛医头，脚疼治脚”，采取反通胀、借外债、消民怨等临时性措施。最终是长期矛盾无法解决，短期问题又不断丛生，更使政府治理难上加难。巴西现在致力于推动三大改革：税制改革，解决非常复杂的税收体系和高税率问题；劳动法改革，解决束缚企业的高劳动成本和众多纠纷问题；养老金改革，解决高额的养老支出使财政不堪重负问题，但这些改革推进起来十分困难，甚至面临无解之境。

三是经济发展的波折和大起大落。一些拉美国家之所以长期陷入“中等收入陷阱”而难以自拔，一个重要原因就是经济发展出了问题，发展的停滞是陷入“中等收入陷阱”的最大危险。阿根廷从1961年到2013年这53年时间，人均实际GDP年均增长只有1.52%，其中有16年人均GDP是负增长，远远落后于世界上许多国家。由此不难理解，阿根廷为什么会从一个“南美之星”——令人羡慕的富裕国家，深陷经济发展的泥潭，现在只剩下过往的辉煌、荣耀的足球和浪漫的探戈，让人唏嘘不已。作为世界大国的巴西发展潜力难以发挥，其中一个原因就是政府没钱搞建设，基础设施落后，公路、铁路、电力、通信都比较差。据说一辆汽车运到港口的费用比从港口运到中国的费用还要高。新兴经济体“金砖国家”中，巴西这几年经济衰退，就像“金砖国家”发明人奥尼尔所说“成了一块砖头”。这与成功实现经济跨越发展的东亚经济体形成了鲜明对比。

四是过早去工业化和产业升级受阻。有人把拉美发展遇到的问题，叫作从“比较优势”陷入“资源诅咒”，是说这些国家依赖卖资源就可以过上不错的日子，结果导致不求上进。应该说，不少国家工业化开始得比较早，而且达到了比较高的发展水平。但在发展中过早去工业化，从农业转移出来的大量剩余劳动力未能进入制造业，而是直接进入非正规的低端服务业，工业制造业始终处在中低端水平，缺乏国际竞争力。巴西第二产业在经济中所占比重仅为23%，其中相当一部分为矿业；而服务业占比高达70%以上，与发达经济体接近，远高于大多数新兴经济体。现在，巴西主要依赖能源资源类产品出口，阿根廷出口的也主要是农矿产品。

五是贫富差距扩大和社会矛盾聚集。拉美一些国家长期实行高福利的社会政策，应该说社会发展取得了明显进步。但高福利政策长期难以为继，造成“福利陷阱”，导致财政赤字和债务危机。欲速则不达。大量农村无地贫困人口涌入城市，带来过度的城市化，加剧了城市的贫富两极分化。从阿根廷首都机场到市区，可以看到公路两边壮观的连片贫民窟。在巴西里约热内卢，据说有40%的人口生活在贫民窟，许多盘踞山头的成片贫民窟成为滋生犯罪的温床。我们本来想到贫民窟去看一下，但接待我们的人说里边被黑社会所控制，外来的人进去以后很危险，无奈只好取消了想法。这些国家犯罪率高，持枪盗抢案件经常发生，人们外出缺乏安全感。中国驻当地使领馆的同志告诉我们，他们也遇到过被抢钱的事，一般黑夜不敢单独外出。

三、三国道路对中国发展的镜鉴和启示

他山之石，可以攻玉。通过在拉美三国的访问调研，从国际比较的视野，看到了他国发展中正反两方面的经验教训，加深了对中国发展道路的认识，有以下几点思考和建议：

第一，政治稳定和良政善治是国家发展的根本保证。我们在三国调研中，深刻地认识到稳定的重要性，政府治理能力是跨越“中等收入陷阱”的关键。同时宏观战略决策的正确与否是至关重要的，不能犯颠覆性的历史性错误。世界上经济保持长期发展和跨越“中等收入陷阱”的国家，一般都有一个稳定的政治环境。政府运作保持连续性和稳定性，建立起强有力的政府管理和高效的治理能力，能够实施国家长远规划和建设，比较好地处理政府与市场的关系，既有效保证政府的引导和市场的主导，又有效避免政府失误和市场失灵。创造亚洲奇迹的日本、韩国、新加坡等，都具有这一特征。中国在这些方面探索出了一条适合中国

国情的发展道路，这就是中国特色社会主义，最大限度地发挥党的领导和集中力量办大事的制度优势，建立和完善社会主义市场经济体制，把国家宏观调控与市场机制有机结合起来。我国改革开放40年所取得的辉煌成就，充分证明这条道路是非常成功的，也得到世界上绝大多数人的认可。对比拉美国家发展正反两方面的经验教训，大家在总结时都说进一步增强了“四个自信”。我们要坚持以习近平新时代中国特色社会主义思想为指导，坚定不移沿着中国特色社会主义道路走下去，加快推进国家治理体系和治理能力现代化，为全面实现跨越“中等收入陷阱”提供坚强的制度保证。

第二，中国有信心有能力在不远的将来成功跨越“中等收入陷阱”。中国2001年人均GDP达到1053美元，进入中下收入国家；2010年人均GDP达到4560美元，进入中上收入国家。到2017年，人均GDP达到8800美元，相当于世界平均水平的84%。中国是一个幅员辽阔、人口众多的大国，区域发展很不平衡，现在已经有北京、上海、天津、江苏、浙江5个省市共2亿人口人均GDP超过1.3万美元，跨越了“中等收入陷阱”，进入高收入水平。如果再加上地级市，那么将有更多地方进入高收入阶段，比如深圳、广州，甚至成都、长沙、武汉、郑州等共有30多个城市都进入高收入阶段。因此，我国走出的是一条梯度跨越“中等收入陷阱”的发展道路，正在从局部跨越到大部跨越再到整体跨越。中国不会陷入“中等收入陷阱”，这是没有疑义的。按照目前的发展趋势，到2020年人均GDP将达到1万美元，到2025年之前将总体跨越“中等收入陷阱”，进入高收入国家行列。当然，即使到那时，我们也仅是刚跨过“中等收入陷阱”的门槛，甚至仍处在世界平均收入水平，实现现代化还有很长的路要走。

第三，牢牢抓住发展第一要务，打造经济增长新的发动机。“中等收入陷阱”说到底是“增长陷阱”，经济增长速度出了问题，甚至出现经济衰退和经济危机，发展自然就难于实现跨越。要发展就要解决动力问题，这正像一列火车，过去的动力是蒸汽机，后来是内燃机，现在则需要复合动力。许多落入“中等收入陷阱”的国家，恰恰是发展动力出了问题，造成经济失速、停滞甚至倒退。发展是解决一切问题的基础和关键，不发展一切都谈不上。这也是我们经过沉痛教训所获得的宝贵经验。中国经济发展正处在爬坡过坎的关键阶段，过去传统的增长动力趋于弱化，新的动力快速成长但还不足于弥补旧有动力的缺口，出现了增长动力不足的问题，突出表现为投资增速下降，生产扩张势头减缓。在这种情况下，我们必须抓住新一轮科技和工业革命的历史性机遇，加快培育壮大新动能，改造提升传统动能，加快新旧动能接续转换，推动经济高质量发展，更大程度释放经济发展的潜力、活力和动力。同时，要创造一个稳定的经济发展环境，注意避免拉美国家出现的严重债务和金融危机，有效防范和化解各种经济风险，尤其要管理好股市、汇市和房市，从而把中国经济发展的良好势头长期保持下去。

第四，坚定不移发展先进工业制造业，推动经济转型升级。拉美国家过早去工业化和欧美国家再工业化的前车之鉴，为我们提供了重要警戒，必须重新认识工业化和“后工业社会”等问题，打牢工业化发展的坚实基础，特别是要大力发展先进工业制造业，把国家发展建立在实体经济的牢固根基之上，这是跨越“中等收入陷阱”的可靠保证。拉美和其他国家的经验表明，一个国家在工业化过程中，农业、工业和服务业需要建立一种协调促进的关系，现代化国家一般会形成三二一的产业结构，但并不是说第三产业发展越快、所占比重越高越好，最重要的是要有强大的工业制造业作为支撑，对于一个经济规模较大的国家来说尤其如此。世界上实现现代化并仍然具有强大竞争力的国家正是这样，这其中日本、德国都是制造业的杰出代表，瑞士、瑞典这样的国家也表现不俗。而一些发展中国家在工业化还没有完成之时，就过早过快进入服务业为主，工业制造业失去竞争力，甚至成为一个进口消费型的国家，这方面拉美一些国家、印度等都是典型代表。我们要坚定不移发展实体经济，推动工业化与信息化智能化融合发展，大力发展先进制造业，加快产业由中低端向中高端攀升，建设世界制造强国，以此实现经济转型升级。

第五，有效解决社会公平问题，促进社会和谐稳定。“中等收入陷阱”中的“拉美陷阱”，一个典型特征就是收入差距扩大，贫富分化严重，基尼系数超过0.5，成为世界上最不平等的地区之一，这导致社会矛盾尖锐化，甚至引发政治极端化和社会动荡。世界上没有一个国家能够在贫民窟大量存在的情况下，发展成为高收入社会。东亚成功跨越“中等收入陷阱”的国家，有一个共同的特征，就是都经历了农村土地革命，瓦解了旧的封建土地关系，使得农民人人拥有土地，从而避免了大量无地农民涌入城市出现成片贫民窟，更重要的是由此建立起一个相对公平的社会。巴西、印度等国家，则是相反情况。由此可以看出，中国的土地革命和家庭承包制改革在现代化中所起的作用，怎样评价都不过分。随着经济快速发展，中国已成为亿万富翁增加最快最多的国家，特别是与热炒房地产相关形成巨大的财富黑洞，加上一些不合理的过高收入，已经引起人们对收入分配不公的高度关注。一方面，我们要在加大力度保障和改善民生，加快完善社会保障体系的同时，坚决防止民粹主义的倾向，避免世界其他国家出现的“高福利陷阱”，尽力而为而又量力而行地解决民生问题；另一方面，在跨越“中等收入陷阱”过程中，下决心解决收入差距扩大的问题，加强国家对收入分配的宏观调控，借鉴国外成熟的做法和经验，建立起包括房地产税、遗产税等有效调节收入分配的税收体制，促进社会公平正义，实现国家的长治久安。

拉美“中等收入陷阱”的三大教训

刘武通

拉美国家工业化始于20世纪30年代，至70年代很多国家已进入中等收入国家行列。但遗憾的是，绝大多数拉美国家在战后的发展之路充满曲折反复，60—70年代出现经济繁荣“黄金期”，80年代则深陷“债务危机”和社会动荡，90年代进行新自由主义结构改革，但未能摆脱经济长期低迷和社会动荡的困境，长期徘徊在中等收入阶段，至今仍无法整体进入高收入阶段。回头来看，除去政治因素外，拉美国家未能跨越“中等收入陷阱”、实现大的跃升，主要有三大教训，其中蕴含不少启示。

第一，深陷债务问题积重难返。按照发展经济学理论，资金是发展中国家工业化阶段普遍缺乏的生产要素。20世纪70年代是拉美工业化和城市化大发展时期，原始积累和内部储蓄不足，寻求外资成为一种捷径。适逢1973年国际石油危机爆发，OPEC国家因油价暴涨而握有大量“石油美元”流向国际资本市场，同时美国经济陷入“滞涨”、资金需求疲软，借贷条件宽松的过剩资金对亟须资金的拉美国家犹如“雪中送炭”。由此，拉美国家走上近乎失控的“负债增长”之路，从政府到企业都背负沉重债务。结果80年代债务危机袭来，几乎所有拉美国家无一幸免陷入债务困境，为阻止资金外流、经济崩盘，只能“借新债还旧债”，听任西方债权国和IMF主导从“贝克计划”到“布雷迪计划”的还债谈判。拉美的外债余额由1982年的3312亿美元（相当于当年出口总额的3.8倍）增加到1990年的4430亿美元，“倒账”还债的阴影始终难以消除。1980—1990年，拉美地区经济年均增长率仅为1.2%，人均GDP年均增长率为-0.9%，而这两个数值在70年代分别为5.5%和3.0%，债务问题使80年代成为拉美发展史上“失去的十年”。随后在90年代又发生多次金融危机，债务问题是直接导火索之一。

墨西哥外债余额长期居高不下，1994年达到1398亿美元，还本付息主要靠发行美元短期政府债券吸引外国资本流入来维持，结果一旦比索大幅贬值随即引发大规模外资抽逃、酿成金融危机。巴西政府90年代内外债负担沉重，其中1998年公共和私人部门外债总额占GDP比重高达30%（大部分是期限两年以下的短期外债，75%以上是浮动利率债券和外币债券，外债同时面临巨大的利率和汇率风险），联邦和州政府内债总额为3000亿美元，占GDP的36.1%（仅债务利息支付就达到600亿美元），巨额债务已成为国民经济发展主要障碍。阿根廷债务规模也十分庞大，出于弥补财政赤字、实施减税和福利政策、确保稳汇率所需外汇储备等因素，2001年公私债务总额为2100多亿美元（包括公共债务1440多亿美元，90%以上为美元等外币计价债务，其中外债占65%，内债占35%），在比索大幅贬值引发贸易逆差加剧、资本迅速外流、还债压力激增的背景下，爆发经济危机并不奇怪。进入新世纪后，拉美无论左翼还是右翼政府，为了刺激增长、讨好选民、缓解社会矛盾、巩固执政地位不惜“饮鸩止渴”，仍然采取大规模举债政策，其中不少国家处于新一轮债务危机边缘。据IMF统计，2017年拉美地区公共债务总额占GDP比重达60%。2018年阿根廷面临巨额债务违约和金融危机风险，被迫与IMF达成500多亿美元的应急贷款协议。

债务规模只要与经济结构、国家实力及金融监管防范体系等因素相匹配，并不必然衍生出大的经济动荡甚至危机。美国、日本等发达国家债务率都很高，但并未因此导致危机；一些欧元区国家债务高企一度引发欧债危机，但欧盟实施联合救助和启动欧洲稳定机制后逐步回到正轨。债务问题成为长期困扰拉美国家经济发展的核心问题之一，主要是由于拉美国家经济结构性问题突出，当较大规模的外债与脆弱的货币金融体系、长期依赖外资的资本市场、此起彼伏的通货膨胀和经常性项目逆差、高额财政赤字等多重因素相互交织叠加，发生“多米诺骨牌效应”的连锁冲击也就在所难免。拉美债务问题的恶性循环，给举债发展模式和大额外债的可持续性敲响警钟。如果因急于求贷而忽视债务规模、利率结构、期限和计价货币等关键问题，尤其是大量发行以外币计价的短期债券，造成外债过重或借贷成本过高，迟早会引爆金融危机。世上没有无条件的帮助，借贷规模越大，本国经济发展的自主权损失越大，“债务经济”终将沦为“买办经济”。此外，还应兼顾提高财政预算的合理性、改善国际收支状况、增加储蓄率等举措，从根本上铲除债务危机产生的土壤，确保经济持续健康发展。

第二，激进的金融改革矫枉过正。拉美国家的金融体系和资本市场经历了从国家主导到市场导向的变革，既带来进步也酿成苦果。战后的“庇隆主义”和“中心—外围”结构主义理论试图在资本主义和社会主义之间探索拉美崛起的“第三条道路”，都肯定了国家和政府在经济发展中的重要作用，强调在进口替代工业化过程中国家对银行系统的控制、利率管制、对民族大企业的扶持、设立高关税、限制资本流出等举措。然而80年代末以后，这一政策取向在新自由主义和“华盛顿共识”的冲击下彻底被否定，拉美国家在西方的监督和逼迫下进行自由化结构改革，包括采取利率市场化、降低储备金比例、关闭国有银行、资本项目放开、取消外汇管制、取消对外国直接投资的限制以及国有企业私有化等举措。阿根廷、巴西、墨西哥、智利等国因采取激进自由化方案，或造成金融监管严重脱节，或导致国际资本大规模流入而加速本币升值、扩大贸易逆差，或为完成紧缩财政目标而被迫发行美元债融资，无一不造成市场混乱局面。结果为拉美90年代后发生墨西哥金融危机、巴西货币危机和阿根廷经济危机三大危机及经济衰退埋下隐患。西方推崇的新自由主义发展模式在拉美的适用性遭到质疑。新世纪以来，巴西、委内瑞拉、玻利维亚、阿根廷等左翼政府否定了新自由主义路线。近年来再次上台的右翼政府以史为鉴，虽然不会沿袭前政府的“民众主义”路线，但也绝不敢简单重拾新自由主义衣钵，试图走出一条吸收二者之长的“新结构主义”新路。

拉美国家的自我矫正，恰恰让“市场万能论”不攻自破，说明政府适度干预和宏观政策调控是必要的，“有效市场”和“有为政府”各司其职、相辅相成，才能确保经济社会发展不会偏离健康轨道。金融市场化牵一发动全身，改革的力度和节奏不能超出本国发展阶段和基本国情，需要一整套缜密系统的制度设计，特别要建立与金融自由化相匹配的金融监管机制，绝非旦夕之间一蹴而就，只能通过循序渐进方式逐步完成。在高度开放状态下，不加管制的资本市场开放和无选择的私有化会引起系列连锁反应，可能造成国有资产大量流失，甚至导致一国金融独立性和资本主导权的丧失。

第三，缺乏现代产业体系支撑。拉美国家自20世纪30年代开始实行进口替代的工业化路线，战后在普雷维什结构主义理论的支持下成为拉美地区乃至所有发展中国家摆脱殖民主义、实现经济独立的必由之路。但从50开始，特别是在70年代，非耐用消费品生产面临国内市场饱和，产业结构升级要求日益紧迫，但又缺乏从国外引进技术、装备和能源的足够外汇，原有的进口替代发展模式难以为继，拉美国家陆续陷入“结构性发展危机”。随着80年代大规模债务危机爆发，拉美国家为应急性调整不得已求助国际货币基金组织、世界银行及美国等提供资金支持，但条件之一是牺牲制造业、全力扩大初级产品生产和出口换汇还债。结果1980—1990年拉美制造业年均增长仅为0.4%，战后30年工业化进程面临严重萎缩的“去工业化”现象。拉美国家在进口替代阶段的“小而全”的产业结构被迫转向“生产专门化”产业结构，形成北部以客户经济为主、南部以资源加工业为主的格局，而跨国公司则趁机接管了拉美的汽车、电子、石油、化工、电信、电力等主要行业。进入90年代，虽然部分拉美国家形成了在特定资本密集型和技术密集型产品上的出口优势，但总体看外资控制拉美产业的格局没有改变。随着国有企业私有化浪潮，很多拉美企业被外资收购。当时拉美500强企业中，外资企业占比由近1/3升至近1/2；同期拉美制造业100强企业中，外资企业销售额占比由53%升至63%。新世纪以来，虽然一些拉美左翼政党执政的国家采取了国有化措施，提高了对部分国计民生重要领域的掌控，但外资控制主要产业和行业的局面并未实质性改善。

总体看，面对经济全球化深入发展和国际市场竞争日趋激烈，拉美国家由于过度依赖大宗商品和原材料出口，包括墨西哥、巴西、阿根廷、哥伦比亚等主要拉美国家均未及时进行产业结构调整，没有制定扶持民族工业的产业政策，更没有统筹规划对科技创新和产业升级大规模投入，在开放国门的同时无法培育出具有国际竞争力优势的产业体系。这也正是拉美国家无法保持经济可持续增长、实现国际分工和产业链、价值链升级、避免重现经济危机的根本症结。